Attaché Extraordinaire:
Vernon A. Walters and Brazil

Adido Extraordinário
Vernon A. Walters e o Brasil

Frank Márcio de Oliveira

NDIC PRESS
NATIONAL DEFENSE INTELLIGENCE COLLEGE
Washington, DC
March 2009

The views expressed in this document are those of the author and
do not represent the official policy or position of any
U.S. or Brazilian government entity

Contents

Contents (continued)

Conteudo

Conteudo (continuacão)

Dedication

To the many friends, old and new, who contributed to the accomplishment of this work, mainly with their encouragement during the most difficult moments. To Dr. Russell Swenson, for the patient and positive guidance; and to my beautiful family, the reason for all my efforts.

Dedicatória

Aos muitos amigos que contribuíram para a realização deste trabalho. Ao Dr. Russell Swenson, pela paciência e orientação sempre segura; À minha família, pelo amor e constante apoio.

E, principalmente, a Deus, pelo que representa em minha vida.

"The mayors of the twin cities of Petrolina and Juazeiro welcomed us when we finished our trip through the São Francisco River, the most Brazilian of rivers, because it stays completely within Brazilian borders. We saw mountains and plains, exuberant green fields and the arid interior. We visited small cities with new high schools. We felt the people's growing expectations of the best of themselves and of their country. The 'Sleeping Giant' to which the Brazilian national hymn refers was moving slowly on the inside. The youth were acting – dawn cannot be so distant."

"Os prefeitos das cidades-gêmeas de Petrolina e Juazeiro receberam-nos quando encerramos nossa viagem pelo Rio São Francisco, o mais brasileiro dos rios, porque corre inteiramente dentro do Brasil. Vimos montanhas e planícies, exuberantes campos verdes e o árido sertão. Visitamos pequenas cidades com novas escolas de segundo grau. Sentimos as crescentes expectativas das pessoas que desejam o melhor para si e para o seu País. O 'Gigante Adormecido' de que fala o hino nacional brasileiro estava se movendo lentamente nos rincões do interior. Os jovens estavam agindo – a alvorada não pode estar tão distante."

***Vernon Walters**[1]*

---

[1]WALTERS, Vernon A., *The Far Corners*, p. 73.

Abbreviations Used

- **Abin** — Brazilian Intelligence Agency (from the acronym in Portuguese)

- **ARMA** — Army Attaché

- **CIA** — Central Intelligence Agency

- **DIA** — Defense Intelligence Agency

- **Eceme** — Army Command and General Staff School (from the acronym in Portuguese)

- **ESG** — Advanced War College (from the acronym in Portuguese)

- **EUA** — United States of America (from the acronym in Portuguese)

- **FBI** — Federal Bureau of Investigation

- **FEB** — Brazilian Expeditionary Force (from the acronym in Portuguese)

- **MRE** — Ministry of Foreign Relations (from the acronym in Portuguese)

- **NDIC** — National Defense Intelligence College

- **UN** — United Nations

- **OSS** — Office of Strategic Services

- **NATO** — North Atlantic Treaty Organization

- **Petrobrás** — Petróleo Brasileiro S/A (Brazilian Oil Company)

- **PCB** — Brazilian Communist Party (from the acronym in Portuguese)

- **PC do B** — Communist Party of Brazil (from the acronym in Portuguese)

Abreviaturas Utilizadas

- **Abin** — Agência Brasileira de Inteligência
- **ARMA** — Adido do Exército (Army Attaché)
- **CIA** — Agência Central de Inteligência (da sigla em inglês)
- **DIA** — Agência de Inteligência de Defesa (da sigla em inglês)
- **Eceme** — Escola de Comando e Estado-Maior do Exército
- **ESG** — Escola Superior de Guerra
- **EUA** — Estados Unidos da América
- **FBI** — Agência Federal de Investigação (da sigla em inglês)
- **FEB** — Força Expedicionária Brasileira
- **MRE** — Ministério das Relações Exteriores
- **NDIC** — Faculdade Nacional de Inteligência de Defesa (da sigla em inglês)
- **ONU** — Organização das Nações Unidas
- **OSS** — Escritório de Serviços Estratégicos (da sigla em inglês)
- **OTAN** — Organização do Tratado Atlântico Norte
- **Petrobras** — Petróleo Brasileiro S/A
- **PCB** — Partido Comunista Brasileiro
- **PC do B** — Partido Comunista do Brasil

List of Illustrations/Lista de Ilustrações

List of Illustrations/Lista de Ilustrações

List of Illustrations/Lista de Ilustrações

Foreword

Clarke M. Brintnall, BG (USA Ret.)

Vernon Walters was an eternal optimist whose exuberance and enthusiasm lifted the spirits of all with whom he came in contact. Perhaps this is why he identified so closely with Brazil and its sense of destiny. Given Walters' unbounded faith and close ties with Brazil, it is fitting that a Brazilian has written this biography. Frank Marcio de Oliveira has given us a very readable and well-documented account of Walters' evolution from a trusted and extraordinarily talented interpreter in World War II, to prescient diplomat and foreign policy advisor to those at the highest levels of the U.S. Government.

Bringing Henry Kissinger into the story, Oliveira offers insight into early parallels between these two iconic statesmen of the late Cold War period, and shows the different paths leading the two to the highest levels of national policy making. Both were insightful thinkers and masters of the art of persuasive communication. In contrast to Kissinger, the stolid academic, Walters rose to the top of his profession without benefit of formal, higher education. The world was his classroom and he used every minute to study and absorb all that it provided. He constantly honed his powers of observation and his prodigious memory. When conversing with him in a crowded room, one would be led to believe that you were the focus of his entire attention. Yet, all the time he was taking in the events around him and listening to nearby conversations. Yes, he was a superb interpreter and intelligence officer, but his rise to the highest levels of public service was possible due to his diligence in processing the lessons of history and working to understand the background and culture of those with whom he came in contact. Henry Kissinger had an impressive academic pedigree, but he could not touch Vernon Walters when it came to communication and understanding our friends and adversaries. Not only did he do this in their language, but also with a great sense of humor.

This biography also makes a contribution beyond existing literature by publishing some photos from Walters' personal archives, acquired by the National Defense Intelligence College from his estate. Some of these photos were taken during his 1965 trek in a U.S. Army three-quarter ton truck traveling from Brasilia to Belem while much of the road was still little more than a cleared trail in the wilderness. It was my great privilege to accompany him on this adventure as well as others as he explored the burgeoning Brazil of the early 1960s. Those photos and other images document his close personal ties with the land and people of Brazil, and dramatize his Brazil-based evolution and growth from extraordinary translator to his later duties involving uncommon interaction with world leaders as Deputy Director of the CIA, U.S. Ambassador-at-Large, United States Representative to the United Nations and American Ambassador in Bonn.

It was an honor to have known him and a blessing to have been considered a friend. Frank Marcio de Oliveira has given the world a lasting gift with this insightful book about this great man who won the respect of leaders throughout the world.

Prefácio

Clarke M. Brintnall, BG (USA Ret.)

Vernon Walters era um eterno otimista cuja vitalidade e entusiasmo contagiavam a todos com quem convivia. Talvez essa característica explique porque ele tenha se identificado tanto com o Brasil. Consideradas suas ligações e sua fé ilimitada no Brasil, é muito justo que um brasileiro tenha escrito sua biografia. Frank Márcio de Oliveira ofereceu-nos um quadro revelador e bem documentado da evolução de Walters, de um confiável e extraordinariamente talentoso intérprete na Segunda Guerra Mundial até se tornar um preclaro diplomata e assessor de política externa nos mais altos escalões do governo estadunidense.

Ao incluir Henry Kissinger na análise, Oliveira oferece um *insight* do paralelo possível entre esses dois ícones do último período da Guerra Fria e mostra os diferentes caminhos que os levaram aos mais altos níveis decisórios nacionais. Ambos foram brilhantes pensadores e mestres na arte da comunicação persuasiva. Em contraste com Kissinger, eminentemente acadêmico, Walters atingiu o topo de sua profissão sem o benefício de uma educação formal. O mundo foi sua sala de aula e ele soube aproveitar cada minuto para estudar e absorver todas as lições que lhe foram oferecidas. Ele constantemente aperfeiçoava sua capacidade de observação e sua memória prodigiosa. Quando conversava com alguém num ambiente repleto de pessoas, Walters fazia com que seu interlocutor acreditasse ser o foco de sua inteira atenção. Ainda assim, a todo tempo ele estava atento a tudo o que ocorria à sua volta e conseguia ouvir as conversas mais próximas. Sim, ele foi um excelente intérprete e um brilhante oficial de inteligência, mas sua ascensão aos mais altos níveis do serviço público foi possível graças à sua diligência em processar as lições da história e em compreender o *background* e a cultura de seus interlocutores. Henry Kissinger teve uma formação acadêmica impressionante, mas ele não conseguiu superar Walters na habilidade de conhecer os amigos e adversários. Walters não só se comunicava no idioma deles, mas o fazia com enorme senso de humor.

Esta biografia oferece, ainda, uma contribuição à literatura existente ao publicar fotos do acervo pessoal de Walters, de posse do National Defense Intelligence College. Algumas dessas fotos foram tiradas em 1965 durante viagem que Walters fez de caminhão de Brasília a Belém, quando grande parte da estrada era pouco mais que uma trilha aberta no meio da floresta. Tive o grande privilégio de acompanhá-lo nessa aventura, assim como em outras, em que ele explorava, nos anos de 1960, o florescente Brasil. Essas imagens documentam suas relações próximas com a terra e o povo brasileiros e retratam o papel que o Brasil representou em sua transformação, de um tradutor extraordinário a importante ator junto a líderes mundiais na condição de vice-diretor da CIA, embaixador itinerante, representante estadunidense junto às Nações Unidas e embaixador norte-americano em Bonn.

Foi uma honra ter conhecido Walters e uma bênção ter sido considerado seu amigo. Frank Márcio de Oliveira deu ao mundo um presente duradouro com este livro inspirado sobre aquele grande homem que conquistou o respeito de líderes pelo mundo.

Author's Preface

Vernon Anthony Walters was a military, diplomatic and intelligence officer and emissary for several American presidents. Throughout a busy professional career, he witnessed and participated in various important events of the twentieth century, including the Second World War, the Korean and Vietnam Wars, and the fall of the Berlin Wall, among others.

Walters' connections with Brazil were always intense and surrounded by controversy. Having worked as a liaison officer between the U.S. Fifth Army and the Brazilian Expeditionary Force during World War II, Walters became a legend in Brazil due to his participation in the 1964 Revolution.

When Walters died in 2002, the family donated his private collection of documents and artifacts to the *National Defense Intelligence College (NDIC)*, an institution associated with the *Defense Intelligence Agency* (DIA), which, among other tasks, coordinates the work of U.S. military attaches with which Walters was linked for much of his military career.

On June 3, 2004, the NDIC organized a conference with the theme: "Vernon A. Walters: Pathfinder of the Intelligence Profession." The conference was attended by several of Walters' relatives and friends. After being honored in this way, Vernon Walters became more thoroughly recognized as an example and role model for the College's students and faculty.

As part of these developments, the leaders of this institution wished to promote research regarding the various phases of Vernon Walters' professional career; and most appropriately, a Brazilian was to become the lead researcher, in honor of Walters' connections to Brazil.

Prefácio do Autor

Vernon Anthony Walters foi militar, diplomata, oficial de Inteligência e emissário de vários presidentes americanos. Ao longo de uma movimentada trajetória profissional, Walters testemunhou vários eventos importantes da segunda metade do século XX, como a Segunda Guerra, as guerras da Coréia e do Vietnam e a queda do muro de Berlim, dentre outros.

As ligações de Walters com o Brasil foram intensas e permanecem ainda hoje cercadas pela controvérsia. Tendo atuado como oficial de ligação entre o comando do V Exército e a Força Expedicionária Brasileira, na Segunda

Guerra Mundial, Walters transformou-se em uma lenda no Brasil por conta de sua atuação na Revolução de 1964.

Quando Walters morreu, em 2002, a família doou seu acervo particular ao *National Defense Intelligence College (NDIC)*, instituição de ensino ligada ao *Defense Intelligence Agency* (DIA), que, dentre outras atribuições, coordena o sistema de adidos militares dos Estados Unidos, ao qual Walters esteve ligado durante grande parte de sua carreira militar.

Em 3 de junho de 2004, o NDIC promoveu uma conferência com o tema: "Vernon A. Walters: Precursor da profissão de Inteligência." A conferência contou com a presença de vários familiares e amigos de Walters. A partir dessa homenagem, Vernon Walters passou a ser considerado mais completamente um referencial ou modelo para os estudantes e as professais do NDIC.

Como parte das homenagens, a direção do NDIC decidiu promover pesquisas a respeito das várias fases da trajetória profissional de Vernon Walters e julgou que um brasileiro deveria realizar a pesquisa referente às ligações de Walters com o Brasil.

Frontispiece/Frontispício

Vernon Walters with Pope John Paul II in the Vatican, May 29, 1984.

Vernon Walters com o papa João Paulo II no Vaticano, 29 de maio de 1984.

Walters at age 11 or 12 in Paris, 1928.

Walters aos 11 ou 12 anos em Paris, 1928.

Introduction — The Power of Context

*"We are actually powerfully influenced by our surroundings, our imme-
diate context, and the personality of those around us." (Gladwell)*[1]

Vernon Anthony Walters was born in New York on January 3, 1917, during World War I. In that same year the Russian Revolution occurred, paving
the way for the implementation of the ideology of Communism, which Walters opposed throughout his entire professional career.

In 1941, a few months before the Japanese attack on Pearl Harbor, Walters entered the Army and saw action in World War II. During his career, he
also participated in the Korean and Vietnam Wars and witnessed conflicts in
Greece, Paraguay, Chad, and Colombia.[2]

He was the Ambassador to Germany in 1989 when the Berlin Wall fell; and
in 1991 when he left public service, the dissolution of the Soviet Union was
complete. When Walters died in February 2002, the world was only beginning
to recover from the shock caused by the terrorist attacks of September 11 and
to put the 20th century Cold War behind it.

That was the context for Vernon Walters' professional life: real or potential international conflicts, ideologies in confrontation and a bipolarity that
dominated the second half of the century. In this environment, he acted
sometimes as privileged observer, and at other times as a central character
in events. He knew how to take advantage of the singular opportunities that
emerged from World War II and from the confrontational ideological system
that it produced.

Walters said that Hitler did at least one good thing in life, although in
a completely unconscious and involuntary way, which was, with his deeds,
to motivate Walters to leave his father's insurance company and enter the
Army.[3]

That is the power of context, as Malcolm Gladwell might say. Walters recognized the possibilities offered by historical circumstances and knew how

---

[1] Malcolm Gladwell, *The Tipping Point* (Boston: Back Bay Books, 2002), p. 259.

[2] Vernon Walters, *Across the World* (unpublished, undated manuscript in NDIC Collection
of Walters' documents), p. 3.

[3] Vernon Walters, *Silent Missions* (Garden City, New York: Doubleday, 1978), p. 5-6.

to get himself involved in appropriate ways. He did not attain a high level of formal education but ascended through the ranks of the military to become a general, was a special presidential emissary, became Deputy Director of the Central Intelligence Agency (CIA), and was the Ambassador to the United Nations and to Germany. Vernon Walters found his niche in the context of the Cold War.

He became the talented and discreet agent of an idea: that a well-informed individual voice can have a lasting impact, even a shaping one, in defense of the ideals of a country, especially in a fight against a competing ideology.[4] His were not the traditional military weapons. He developed the art of winning minds and hearts[5] through the cultivation of friendships and social relationships, and clearly mastered the application of both military and diplomatic tools.

In addition to operating with self-confidence in the complex world of diplomacy and intersecting military interests, Walters was a self-taught master of the intelligence apparatus. He employed refined techniques to recruit and control human resources, to obtain privileged information, and to pass such useful information on to his superiors. He acted secretly whenever the situation demanded.

The multiple facets of this master of the intelligence apparatus cannot be fully appreciated precisely because of the seriousness and secrecy with which he planned and executed his assignments, as Perry Pickert noted at the seminar held in honor of Walters in 2004:

> Today we have tried to capture a sense of Walters — his personality, his human qualities and his character. We have provided an overview of his career accomplishments as a military officer and diplomat. What is left to us, the intelligence professionals in the audience and throughout the Community, is to go back and find the secret component of his work as an intelligence officer. His memoirs and speeches do not reveal what he did behind the scenes with great care and precision as an intelligence officer. He

---

4 Gladwell develops a theory in easily understandable terms to explain the epidemic spread of ideas, products and messages. In Gladwell's terms, and in the context of the Cold War, Walters can be seen as an exemplar of a Connector, a Maven and a Salesman. The interpretation of Walters' career in this context is left to others with experience in sociological analysis.

5 Huba Wass de Czege, "On Winning Hearts and Minds," *Army Magazine* (Aug 2006). http://findarticles.com/p/articles/mi_qa3723/is_200608/ai_n17171887/pg_1?tag=artBody;col1

took little credit for himself and was discreet even in personal diaries. He scrupulously protected the sources and methods of his profession and confidences of his colleagues and friends.[6]

Therefore, any analysis of Vernon Walters' connections to Brazil should consider him in the intelligence context. He was a soldier-diplomat, in Roberto Campos' words,[7] acting in the invisible battlefield of the Cold War, defending the ideals in which he believed. He did in Brazil what one would expect Brazilian military attachés, diplomats and intelligence officers to do abroad in similar circumstances. Separating him from this historical context would mean losing the real meaning of who he was and what he did.

Walters' relationship with Brazil was not limited to the 1964 period, when his suspected complicity with Brazilian military leaders first earned him widespread notoriety in the the country. From 1943 to 1948 he translated for Brazilian military leaders who visited the U.S., served as liaison officer to the Brazilian Expeditionary Force (FEB) in Italy, and became the associate Army attaché in Rio de Janeiro. He later worked in the country between 1962 and 1967 as the military attaché. Through the years until his death in 2002, Walters returned several times to Brazil as a diplomat or simply to visit old friends.

The friendships forged on the battlefields of Italy between Walters and the Brazilians continued afterward. Walters was interested in people, in their stories, in their culture, and in their language. He considered Brazilians outgoing and welcoming people with an interest in good conversation. His devotion to the Catholic faith resonated in Brazil, the most populous Catholic country in the world. He spoke Brazilian Portuguese with a carioca accent, he cheered for the Flamengo soccer team, and he said that Brazil was his second home.

Walters wrote that Brazil exerted great influence over his life. The present study analyzes in some depth and breadth the enduring results of Vernon Walters' connections to Brazil.

The author conducted research at the U.S. National Archives and at the NDIC library in Washington, DC; the National Archives, the National Library, the Advanced War College (ESG), and the Army Command and General Staff School (Eceme) in Rio de Janeiro; the libraries of the Ministry of Foreign Relations (MRE), of the Federal Senate and of the Brazilian Intelligence Agency

---

6 Perry Pickert, "Closing Remarks," *in Vernon A. Walters: Pathfinder of the Intelligence Profession* (Washington: Joint Military Intelligence College, 2004), p. 75. Available at *http://www. ndic.edu/press/5482.htm.*

7 *Roberto de Oliveira Campos, A lanterna na popa: memórias* (A Light on the Past: Memoirs) (Rio de Janeiro: Topbooks, 1994), p. 547. Campos was Brazilian ambassador to the U.S. 1961-1963.

(Abin), in Brasília. The archives of *Veja* Magazine, as well as of *O Globo* and *Folha de São Paulo* newspapers, were consulted.

Interviews were completed with the former Ambassador to Brazil, Lincoln Gordon, Marshall Waldemar Levy Cardoso, Generals Carlos de Meira Mattos, Otávio Costa, Rubens Brum Negreiros and Arthur Moura, as well as with the former Justice Minister Jarbas Passarinho, diplomat Steven Monblatt, priest Lee Martiny, Mrs. Genie Norris Murphy and two of Walters' relatives, Mrs. Sherry Walters and Mr. Peter Adams.

Finally, the writings of Vernon Walters were also reviewed. In addition to *Silent Missions* (1980) and *The Mighty and the Meek* (2000), both also published in Brazil, his personal collection of diaries and unpublished manuscripts was consulted.

The resulting information was structured as follows:

The first chapter, *The Missionary and the Giant*, examines Walters' relationship with Brazil, with a focus on his work with the FEB in Italy and on his service in Brazil as Assistant to the Attaché and as Army Attaché.

The following chapter, *The Missionary's Preparation*, is about the career groundwork that Walters laid down as he worked alongside leading foreign-relations personalities of his time, General Mark Clark, President Castello Branco, Diplomat Averell Harriman, and President Dwight Eisenhower.

In the third chapter, *Powerful Products of Their Time*, Walters is studied in the context of his bringing synergy to the always-evolving relationship among military, diplomatic and high, elected officials. To generate greater perspective, Walters' work is compared to that of other personalities of his era.

The last chapter, *A Legend in Brazil*, analyzes his legacy and draws attention to the fact that he left a successor in Brazil. Finally, the real influence that Brazil had upon this towering figure comes under review.

Chapter 1 — The Missionary and the Giant

"The 'Sleeping Giant' of which the Brazilian national anthem speaks was stirring in the far backlands. The young people were on the move — dawn could not be too far away." (Walters)[8]

The First Connections with Brazil and with Brazilians

One day in April 1943, 1st Lieutenant Vernon "Dick" Walters, who was stationed at the Military Intelligence Training Center at Camp Ritchie, Maryland, went to the Pentagon, where a colonel ordered him to accompany a group of Portuguese officers during their visit to the United States. Walters suspected some misunderstanding, since he did not speak Portuguese, and the colonel answered: "You don't speak Portuguese, but you speak Spanish, French, Italian and all that stuff, and you'll certainly understand what they are saying."[9]

Walters still tried to argue that although he adored hearing Carmen Miranda's songs, he simply could not understand what the words meant. The colonel easily solved the situation when he said: "Lieutenant, yes, there is a misunderstanding. You seem to think that I am inviting you to be here tomorrow by 9 a.m. I am not. It is an order. Be here, and speak Portuguese."[10]

Disciplined, Walters managed to get some magazines in Portuguese and, due to his knowledge of Spanish, he discovered that he could understand almost everything that was written. He found out soon afterward that the spoken language was very different from its written form, and the Portuguese officers helped him in the initial stages of learning the language:

> I was delighted to find early in the trip that through these officers' knowledge of French and Spanish I was able to communicate with them quite easily, and they began helping me to learn Portuguese. Now this is less complex than first meets the eye since 80 percent of Portuguese words are completely recognizable in Spanish.[11]

---

8 Vernon Walters, *The Far Corners* (Unpublished, undated, manuscript in NDIC collection of Walters' documents), p. 73.

9 Walters, *Silent Missions*, p. 61.

10 Walters, *Silent Missions*, p. 61

11 Walters, *Silent Missions*, p. 62-63.

Since visitors were senior officers, including Colonel Craveiro Lopes, who would later become the president of Portugal, Walters was temporarily promoted to the rank of captain in deference to the Portuguese visitors. After finishing the mission, however, Walters was demoted to first lieutenant, a development not lost on his friends. They wanted to know the mistake Walters had made in Portuguese which caused his demotion. Fortunately, within two months he was promoted to the permanent rank of captain.

After finishing his assignment with the Portuguese, Walters returned to his tasks at Camp Ritchie, where he taught interrogation techniques. He considered this escort assignment to have been an isolated event, which would not recur. However, reality was soon to be very different:

> Little did I realize that this was not to be the case and that this mission on which I was exposed for the first time to the Portuguese language was to lead to my next mission to the Brazilians and through it to a profound influence on my life.[12]

In fact, a little afterward, Walters received a new assignment: this time to accompany the Brazilian Air Force Minister, Pedro Salgado Filho, on his visit to the United States. This was not, however, his first meeting with a Brazilian. During an interview granted in 1966 to *O Globo Newspaper*, Walters mentioned that the first Brazilian he had met was Santos Dumont:

> I was still a boy in Europe with my parents, when I accidentally met the great Brazilian airplane pioneer. The fact remained deeply in my mind, because everyone admired Santos Dumont due to his inventions.[13]

---

[12] Walters, *Silent Missions*, p. 68.
[13] "Vernon Walters, amigo devotado do Brasil," *O Globo,* Rio de Janeiro, Feb 15, 1966.

Walters, in Europe, at age 13, prepares to depart on his first airplane flight.

Walters, na Europa, com a idade de 13 anos, se prepara para partir em seu primeiro vôo de avião.

When he encountered the Brazilian visitors, Walters found Brazilian Portuguese much easier to handle than that spoken in Portugal. He observed that the pronunciation seemed closer to Spanish and the words were more clearly pronounced. In addition, the month he spent with Salgado Filho allowed him to improve his language capability and gain a Brazilian accent.[14]

Not long after that, Walters was assigned to accompany the Brazilian Minister of War, General Eurico Gaspar Dutra, as he visited the United States. They visited Fort Benning, Fort Sill, several facilities on the West Coast, San Francisco, steel factories in Indiana, and the Chrysler tank factory in Detroit. In Washington, President Roosevelt received the visiting party. Walters later noted that this was the first time he had entered the Oval Office and met a President of the United States. At the end of the trip, General Dutra honored Walters with a medal, the Brazilian Order of Military Merit.

The Brazilian War Minister was impressed with Walters' knowledge of the Portuguese language, and he was surprised to discover that the American had never visited Brazil or Portugal. General Dutra commented: "Walters, it is ridiculous for anybody to speak Portuguese as well as you do without ever having been to a Portuguese-speaking country. I want you to come back to Brazil with me."[15] The invitation was immediately accepted and General Dutra obtained

---

[14] Walters, Silent Missions, p. 72-73.

[15] Walters, Silent Missions, p. 74.

the permission of Walters' superior officers so that the young captain could accompany the group on the trip back to Brazil for a ten-day period.

In the absence at that time of non-stop flights between Washington and Rio de Janeiro, the first Brazilian city Walters got to know was Belém. In addition to visiting Belém, Belo Horizonte and Rio de Janeiro on this first visit, Walters saw Petrópolis, São Paulo, Curitiba, Santos, Recife, and Natal, and he described his feelings about Brazil and the Brazilians:

> I received an invaluable bird's-eye view of Brazil and an introduction to the Brazilians, a warm, friendly, intelligent people imbued with a sense of historical destiny and a determination to do everything they could to hasten the day when Brazil would be a great power in the world.[16]

Back in the United States, Walters was transferred to the Army Command and General Staff School at Fort Leavenworth, with the mission of accompanying a group of Brazilian officers in a special course that had been organized for the familiarization of Brazilian Expeditionary Force (FEB) personnel. Walters noted that at Fort Leavenworth "I met many of the officers who were to become my close friends in Italy. ... Later on in post-war Brazil a large number of them rose to very significant positions."[17]

The Brazilian Expeditionary Force

In December 1943, Walters returned to Rio de Janeiro, this time to accompany the Commander of the FEB, General João Baptista Mascarenhas de Moraes, and his Chief of Staff on an exploratory mission to the Theater of Operations. In Naples, the group visited General Mark Clark, Commander of the Fifth U.S. Army, with whom the deployment of the Brazilian Division was discussed.

As the Fifth Army was formed by contingents of various nations, General Clark, when introducing Brazilians to people of several nationalities, was very impressed by Walters' skill in communicating in many languages. As a consequence, some time later Walters would be designated General Clark's assistant.

As part of the exploratory mission, the Brazilians visited the Italian battlefield and witnessed an attack preceded by an artillery barrage. Walters wrote that he heard General Mascarenhas de Moraes commenting: "My, this is rich

---

[16] Walters, *Silent Missions*, p. 75-76.
[17] Walters, *Silent Missions*, p. 77.

man's war!"[18] After a visit to Pompeii and to other points in Italy, the visitors returned to Brazil.

Upon his arrival in Rio, the new American Military Attaché to Brazil, General Hayes Kroner, requested that Walters remain in the country as his assistant. Walters later commented:

> At first, I was delighted with the idea of staying in Rio and improving my Portuguese, but as I thought about it, I realized that this job might last the whole war and keep me away from the action. I was young at the time and anxious to return to the war. What I wanted most at that time, I think, was to serve, to get medals, to travel and to be promoted. And it seemed to me that all those things would be hard to do in Rio.[19]

Despite his personal preferences, Walters did stay in Rio de Janeiro and worked as General Kroner's assistant for four months. In March 1944, Walters flew to Natal to accompany Mrs. Franklin Delano Roosevelt and to serve as interpreter during her visit to the American base in that city. Back in Rio, he helped in the preparation of Brazilian troops that would be sent to Italy and, in April, he was ordered to return to Italy. He had been designated General Mark Clark's assistant.

With the FEB's arrival in Italy in August 1944, Walters went to Rome to meet General Mascarenhas de Moraes. The Brazilian commander expressed a desire that Walters work as liaison officer between the FEB and the Fifth Army due to his mastery of the Portuguese language, his experience in Italy, and his knowledge of the peculiarities of the U.S. Army. Mascarenhas sent a formal letter with the request to General Clark and on August 21, Walters was designated Liaison Officer to the FEB, where he would stay until the end of the war.

When he was transferred to the Brazilian barracks, Walters took a jeep, a Coleman lamp, and a stove to cook his own food. He declared himself "non-Brazilian" in only one way: he did not like Brazilian food.[20] This aversion was so strong that, on Thanksgiving Day, when all units, including the Brazilians, received turkeys for the celebration of the date, Walters had lunch with the tank battalion and dinner with the signals company, both American units.

---

[18] Walters, *Silent Missions*, p. 83.

[19] Walters, *Silent Missions*, p. 85.

[20] Caio Blinder, "FH é hoje um reformista razoável," from an interview granted by Vernon Walters to the *O Globo* Newspaper, Rio de Janeiro, Jan 29, 1995.

He did this because he feared that the turkey in the FEB barracks would be prepared Brazilian-style.[21]

On August 19, Prime Minister Churchill visited the troops and, in his speech, called the Brazilians and the Americans "brothers in arms." According to Walters, this left the Brazilians feeling proud, although they had not yet been in combat. As his first assignment with the Brazilians, Walters committed himself to equip the Division with suitable equipment. He had "to overcome the natural reluctance of any Army unit to issue equipment to another."[22] After visits to several headquarters in Italy, he was able to see the FEB properly equipped.

On September 20, during an inspection of the FEB troops, General Clark spoke to a group of Brazilians, and Walters was the interpreter. After mentioning the magnitude of the task that lay ahead and thanking them for participating in the common fight, General Clark mentioned that he had promoted Captain Walters to the rank of Major. Walters was so surprised that he simply could not repeat in Portuguese the part referring to his promotion. General Clark noticed the omission and, in a low voice, admonished the new major: "God damn it, Walters, when I say something you translate it." Walters obeyed and received the insignia of his new rank on the spot, while General Clark uttered some appreciative words to him. The Brazilians perceived Walters' promotion as an act of good will toward them. In a little more than two years, Walters had been promoted from second lieutenant to major.[23]

Walters integrated fully with the Brazilian group. As time went on, his work with the FEB Chief Staff was no longer limited to interpreting. He assisted in several areas, especially the Operations Section, commanded by Colonel Humberto de Alencar Castello Branco, who was already his friend.

On a night in December 1944, with intense enemy bombardment of Brazilian facilities in Porretta Terme, every time a facility was hit, General Mascarenhas de Moraes would send an officer to evaluate the damages. There were so many targets to evaluate that when the neuropsychiatric clinic was hit, the only officer remaining to do the field checking was Walters.

After verifying that the clinic building was on fire, Walters concluded that it was not an appropriate place for the treatment of patients with psychiatric problems — being an area under intense fire. He narrates that as he was entering the clinic, he saw a very short man, running desperately, with a startled

---

21 Walters, *Silent Missions*, p. 127.

22 Walters, *Silent Missions*, p. 117.

23 Walters, *Silent Missions*, p. 118.

look in the eyes, leaving the building. Instinctively, Walters caught him, imagining he was one of the patients running away, but the man said: "No, no. I am a doctor." Walters said: "Oh, so am I." The momentary deadlock was solved when a Brazilian soldier approached and explained: "Major Walters, he really is the doctor in charge of this post."[24]

As winter set in and the snow fell, Walters became the ski instructor for the Brazilians. There were numerous difficulties, mainly because no Portuguese vocabulary was available to describe ski maneuvers. There were intense protests from the soldiers, who declared that they would not be able to go down the hill and balance on those boards. Suddenly and in plain view, an American airplane experienced problems and the crew managed to jump out with parachutes before the craft fell into an open field nearby. As the scene unfolded, Walters started down the hill to meet the parachuting soldiers, and he told the students to follow him. To his surprise, all the students followed him, on their skis, to the base of the hill.[25]

Occupying a privileged position close to the FEB leaders, Walters witnessed important decisions being made. On one occasion, General Willis Crittenberger, Commander of the Fourth U.S. Army Corps, visited General Mascarenhas de Moraes, commiserating that he understood that the Brazilian Command Post was under heavy artillery fire and that it was difficult to act under those conditions. Crittenberger said that he would have no objection to Mascarenhas de Moraes removing his headquarters out of the area of intense bombardment. As Walters hadn't slept well for one whole week due to the bombings, and as he was the only person at the meeting who spoke both languages, he could not avoid making his translation to Portuguese more enthusiastic in favor of the retreat of the troops than Crittenberger's original statement. At the end of Walters' partial translation, General Mascarenhas de Moraes looked at General Crittenberger and he said: "General Crittenberger, you are American. You have many headquarters in Italy. You can move them forward, sideways or backwards and no one is going to pay any attention. This is the only Brazilian headquarters in Italy and when I move it, it is going to be forward and not backward."[26]

---

24 Walters, *Silent Missions*, p. 128.
25 Walters, *Silent Missions*, p. 131.
26 Walters, *Silent Missions*, p. 133.

On April 20, 1945, an exploding gasoline tank hit Walters during a Brazilian attack on German troops. Engulfed by fire, he managed to extinguish the fire by rolling himself up in a blanket. Taken to a hospital, he had surgery and remained there until the end of the war, which came about only a few weeks later.[27] Walters thus missed one of the primary successes of the Brazilians: forcing the unconditional surrender of the 148th German Division with its 14,779 men.[28]

At the end of the war, Walters flew to Brazil, accompanying Generals Clark and Crittenberger, who had been invited by the Brazilian government to attend the arrival of the FEB and a victory parade in Rio. Walters was at this time notified of his transfer to Brazil, to fill the position of Associate U.S. Army Attaché at the American Embassy. He saw this transfer as logical, since he had known "so many key figures of the Brazilian army in Italy."[29]

In this new capacity, Walters accompanied several American authorities on their visits to Brazil, chief among them General Eisenhower in 1946, and President Truman and General Marshall in 1947. In April 1948, still serving in Brazil, Walters worked as attaché and interpreter for Marshall at the Pan-American Conference in Bogota. That same year he was designated military attaché-at-large, and joined Averell Harriman's team in Paris, which was charged with implementation of the Marshall Plan in Europe.

On the day of his departure from Rio, an honor guard from the Brazilian Army was dispatched to officiate at his airport farewell. After the troop inspection, the band played *God Bless America*. Such formality was an unusual honor for a major, and a direct result of his work with the Brazilian Expeditionary Force.[30]

In his memoirs, Marshall Mascarenhas de Moraes rendered honors to the great Allied military commanders in Italy. After the obligatory remarks about Marshall Alexander from the British Army, and the American Generals Mark Clark, Lucian Truscott, and Willis Crittenberger, he voiced the following about Walters:

> To these famous commanders I add the name of a young American officer, Major Vernon A. Walters, who was my assistant and

---

27 Walters, Silent Missions, p. 137-138.

28 João Baptista Mascarenhas de Moraes, *Memórias*, Vol. 1, 2nd ed. Rio de Janeiro: Biblioteca do Exército, 1984), p. 316.

29 Walters, *Silent Missions*, p. 140.

30 Walters, *Silent Missions*, p. 169.

liaison officer with the Fifth Army. I recall here with gratitude the multiple services rendered by him to the Brazilian division, for the fluency with which he used our language, for his value and his

The commander of the Brazilian Expeditionary Force, General J.B. Mascarenhas de Moraes, says good-bye to Major Walters as the general prepares to depart on a reconnaissance flight, Italy, 1944.

O comandante da Força Expedicionária Brasileira, general João Batista Mascarenhas de Moraes, se despede do major Walters. O general se prepara para partir em um vôo de reconhecimento, Itália, 1944.

initiative. He served with us, earning the esteem of his commanders and peers, Brazilians and Americans. He participated in several combat actions in which the Brazilian division was present.[31]

From Colonel to General

Throughout the 1950s, Walters worked as Attaché-at-Large with Harriman, and as interpreter for General, then President Eisenhower on various occasions. In 1962, he was the military attaché at the U.S. Embassy in Rome when he was transferred to take on the same position at the American Embassy in Brazil.[32] As he landed in Rio, thirteen Brazilian generals greeted him at the airport. They were old companions of the FEB and now represented a diverse political universe, from the right-wing politician José Ulhoa Cintra to the left-wing politician Luiz Cunha Mello. Walters appreciated that welcome: "I was, of course, most grateful to them for the gesture and it stirred anew the affection and esteem I have always had and will always have for Brazilians."[33]

Despite the warm reception at the airport, the arrival of Walters in Brazil at that moment was seen in a negative light and a long campaign was initiatived against him. *Novos Rumos* newspaper published a long article affirming that "Colonel Walters, the Pentagon's chief specialist in military coups, has just been sent to Brazil for the sole purpose of overthrowing President Goulart and establishing a regime that would be a puppet of the U.S."[34]

The newspaper added that Walters had been the planner for the deposition of Egyptian King Farouk, Argentinean President Frondizi and Peruvian President Prado. Commenting on this issue years later in an interview with the *O Globo* newspaper, Walters said he had cut that article out of the newspaper and sent it to Washington with the following observation: "And on the seventh day, I rested."[35] General Mascarenhas de Moraes offered him a formal

---

[31] Moraes, *Memórias*, vol.2, p. 342.

[32] Military attaches were first employed by the U.S. in the 19th century to address information needs in the Russo-Turkish War of 1877. The U.S. dispatched military information-gatherers who were referred to as military attaches, and who were to go beyond simple military "observation." Letter, Acting Secretary of State Seward to Colonel W.B. Hazen, June 28, 1877, Diplomatic Instructions of the Department of State, RG 59, National Archives and Records Administration, College Park, Maryland. See Maureen O'Connor Witter, "Sanctioned Spying: The Development of the Military attaché in the Nineteenth Century," in Peter Jackson and Jennifer Siegel, eds., *Intelligence and Statecraft: The Use and Limits of Intelligence in International Society* (Westport, Connecticut: Praeger, 2005), p. 87-107.

[33] Walters, *Silent Missions*, p. 374.

[34] Walters, *Silent Missions*, p. 376.

[35] "General Walters espera solução brasileira com regime sem medo," *Jornal O Globo*, Rio de Janeiro, Mar 24, 1978.

luncheon to make up for the contentious atmosphere. During the lunch, Moraes emphasized Walters' contribution to Brazil and concluded: "There are those who would like to drive you out of this country, but the Army of Monte Castello and Montese will not stand for it."[36]

For Walters, the objective of that negative campaign was to intimidate him and to make Brazilians apprehensive in speaking to him. That forced him to take precautions to avoid harming his friends. On one particular occasion, Roberto Campos, ambassador to the United States at the time, asked Walters: "Walters, what truth is there in these stories that you are plotting? President Goulart himself has asked me whether you should be expelled." Walters answered:

> Mr. Ambassador, I give you my word of honor as a U.S. Army officer that there is not a word of truth in it. I know Brazilians too well not to know how they would resent a foreigner interfering in their internal affairs. To do so would be contrary to my instructions. I do work hard, however, to find out what is going on and what may happen, just as you or any other Brazilian official does in any country to which he is accredited."[37]

Walters knew that the ambassador believed him and would so inform President Goulart. In his autobiography, Campos wrote that, being in Washington, he couldn't help admiring the thorough and timely fashion in which the White House was kept apprised of developments in Brazil:

> In addition to the professionals of the CIA, Washington stationed in the country two splendid analysts: ambassador Lincoln Gordon and the military attaché, colonel Vernon Walters, a soldier-diplomat, with an intense and affectionate relationship to the Brazilian military since his presence in the battlefields in Italy, in World War II.[38]

Campos mentions President Goulart's suspicions regarding the camaraderie that Walters shared with Brazilian Army officers who served in the FEB. The President's concerns were that Walters would confuse his duty to inform, which he had as military attaché, with solidarity with the conspirators, a concern that was already in the rumor mill:

---

36 Walters, *Silent Missions*, p. 381.

37 Walters, *Silent Missions*, p. 376.

38 Campos, *Memórias*, p. 547.

> In one of my visits to Brazil, Jango [Goulart] recommend-
> ed to me that I investigate the origins of the rumor. I de-
> clared that I knew Walters quite well, as a soldier-diplo-
> mat of high moral values, and too careful to go beyond the
> legitimate limits of the military attaché. At the time, the
> faith in Walters' devotion to public duty was complete.[39]

In spite of the rumors and suspicions, Walters managed to be successful in accomplishing his assignment of informing the ambassador about the situation. To do that, he kept in contact with most of the key nodes of the military. Despite being an officer of the Army, he had more contacts with left-wing defenders than did any other official from the U.S. Embassy. Moreover, he was friends with many of them. Even after the implementation of the military regime, Walters was invited by General Argemiro de Assis Brasil, former commander of Jango's Military Cabinet, for a celebration at the Copacabana Palace Hotel. When he arrived, Walters was greeted loudly by Assis Brasil and was surrounded by friends and peers: "Hello, Walters. You Americans think that I am a Communist, Castroite or Maoist. I am none of those things. I am a Brazilianist." Walters answered that he knew how that felt and added: "Many of your friends think that I am a capitalist and the long arm of American imperialism, and I am none of those things." The two men embraced and Assis Brasil said: "Walters, if all the Americans were like you, we would not have any trouble."[40]

Walters continued receiving his friends and also visited them. One of his closest friends told him that "Castello Branco has finally agreed to lead us and this has given us all hope that Brazil is not yet lost." Another friend, a wartime general, was very helpful to Walters because, "he truly feared that his country would become Communist and another Cuba."[41]

That officer transformed his house into a true arsenal, storing machine guns, rifles, grenades, and ammunition. One night, the general was talking to Walters when someone called to say that the police were going to search the house. Walters decided to leave immediately. His car, due to ongoing uncertainties, was parked some blocks away from the house. However, the friend asked Walters to stay, and he did so, but not without imagining the newspaper headlines on the following day, confirming his participation in the movement. It was a false alarm. The police did not search the house. The officer was very

---

[39] Campos, *Memórias*, p. 547.

[40] Walters, *Silent Missions*, p. 380.

[41] Walters, *Silent Missions*, p. 382.

grateful for Walters' gesture of courage. Some time afterward, that general left to Walters, in a written will, his command baton of gold and ivory.[42]

An Exchange of Messages between Rio and Washington

Ambassador Lincoln Gordon's and Colonel Walters' own interaction in Brazil in the early 1960s was quite intense. That perception stems from an analysis of the messages flowing between the Embassy in Rio and the State Department in Washington.

In 2004, 40 years after the events of 1964, some of those documents were declassified and made available to the public. In addition to the original documents which can be accessed in the National Archives in Washington, DC, the State Department included many of the messages in volume XXXI of the series *Foreign Relations, 1964-1968*, pertaining to South and Central America, in addition to Mexico. In this work, some 64 documents — telegrams, memos and records of conversations — show how the U.S. monitored events in Brazil. Of these documents, at least nine describe Walters' role during the period.[43]

The first of those documents, originally classified CONFIDENTIAL, is a memo sent by the Director of the Brazilian Issues Office, Ralph J. Burton, to the Assistant Secretary of State for Inter-American Affairs, Thomas C. Mann, and dated January 8, 1964. The subject of the document is "*The Position of the Military in Brazil.*" Burton wrote that it was reasonably clear that most Brazilian officers were in favor of maintaining the democratic process, and that he had not noticed any coup plotting against Goulart. At the same time, he affirmed that the military could be a restraining force against extremists and undemocratic excesses. He added:

> I think it is recognized that the Army Attaché in Brazil, Colonel Walters, feels most strongly that Goulart is bringing about a political erosion in the military. Yet, Colonel Walters just last August acknowledged to me that if Goulart attempted to move toward dictatorship in violation of the constitution, there would, at the very least, be shooting. While Goulart has shown a great penchant for generating acute political tension and crisis at periodic intervals, past history indicates a considerable tendency on his part to retreat and compromise — to avoid ultimate explosion.

---

[42] Walters, *Silent Missions*, p. 383.

[43] U.S. State Department, *Foreign Relations, 1964-1968, Vol. XXXI, South and Central America; Mexico, 2004. Available at: http://www.state.gov/r/pa/ho/frus/johnsonlb/xxxi/.*

For this reason, the military should be viewed as a potential politically strong restraining force against Goulartist undemocratic excesses. Our chief worry should be that the military might be confused and immobilized by continuing slick and subtle political maneuverings by Goulart.

I might add that there is in the military a considerable reservoir of good will toward the United States and sympathy toward U.S. objectives and policy; evidence of this erupted in many quarters at the time of the Cuban missile crisis. *For this reason and because of the considerations set forth above we have taken the position that the cultivation of the Brazilian military has high political importance and we have therefore, for example, pushed forward a program of defense lending for C-130's.*[44]

In a handwritten note accompanying this document, Burton referred to a U.S. government meeting on the same day (January 8) where representatives from several agencies discussed a draft contingency plan for Brazil. That draft addressed four possibilities: "Extreme Leftist Revolt"; "Democratic Revolt against Excesses of Regime"; "Removal of Goulart by Constructive Forces"; and "Gradual Extreme Leftist Takeover." The plan recommended that the United States avoid any association with "rightist coup plotters," although it recognized that secret contacts with such groups were necessary for the collection of intelligence data and the exercise of a "moderating influence, where appropriate." In the event of a temporary military takeover, the United States should assume a "constructive, friendly attitude" while they pressed a "quick return to constitutional democratic processes."

On February 21, 1964, at 6 pm, Lincoln Gordon sent a telegram to the State Department. The message reported on a meeting between the ambassador and President Goulart on the previous day. Gordon wrote that Goulart planned to take a trip to Europe in one or two months, and wondered whether he should stop in Texas to see President Johnson on the way back.

Gordon further reported that he spoke with Goulart about Washington's concern over the growing Communist influence in Brazil. Goulart's answer was that he believed the legalization of the Brazilian Communist Party (PCB) would reduce Communist influence in other parties, and that legalization would prove that its strength was much less than suggested by the "organized

---

[44] U.S. State Department, *Foreign Relations, 1964-1968, Vol. XXXI,* (document 181). Italics appear in the original document. The negotiations for the sale of (rather than lending) the aircraft were concluded in June 1964, when the Brazilian Air Minister signed a Memorandum of Understanding.

noise" that it was making. For Goulart, the Communists were divided into three groups. There was Brizola's group, the largest in terms of popular support, but whose politics were too radical, since it preached, for instance, the violent takeover of power; another group was the Chinese-Cuban, also violent, but relatively small; and, finally, there was the orthodox Moscow group, distinguished by its discipline, which was assuming a very moderate line, similar to the international line that Khrushchev had taken with respect to the United States.

In the message, Gordon went on to note that Washington's concern went beyond the idea of legalizing the PCB. Of concern were the Communists in Petrobras, in communications media, the most important labor unions, and the Ministry of Education, among others. The Communists' long-term strategy was to take over power, and he noted that he had asked Goulart: If their short-run tactics became violent, was there not a danger that the country would be paralyzed unless concessions were granted to the Communists? Goulart's answer was that the Americans did not need to worry about that, because he had successfully negotiated a test case with Petrobras' labor unions, when two company directors had been dismissed and the unions threatened to strike. Goulart had opposed the strike, and it did not take place.

At the end of the telegram, Gordon commented that he had the impression that Goulart wasn't as aligned with the Russians anymore as he had appeared to be in a meeting some months before. Gordon also pointed out that, in the domestic sphere, Goulart's tendency was to assume extreme risks by stimulating violence in the interior, with the objective of forcing constitutional amendments for basic reforms.[45]

In another document, a SECRET memo sent by a National Security Council staffer to the President's Special Assistant for National Security Affairs, McGeorge Bundy, on March 19, 1964, the staffer referred to a conversation he had overheard between Gordon and the U.S. Ambassador to Chile. Gordon had described the economic situation in Brazil as terrible. Inflation was at very high levels and the *per capita* income had declined, a problem that had not occurred in the country since the 1930s.

Gordon continued, saying that the only thing that was worse than the economic situation was the political situation. Gordon further said of Goulart:

---

[45] U.S. State Department, *Foreign Relations, 1964-1968, Vol. XXXI*, doc. 183.

In the short run, he seems intent merely on survival. In the long-run, he would probably like a Peronista-type revolution, with a lot of corruption at the top and support from the working classes. A communist takeover is conceivable. Brizola and Goulart are rivals who often work with each other; it is hard to tell how much. But there are mitigating factors. Though a rabble-rouser, Brizola is not very smart and not a good leader. In general, the leadership of the extreme left seems divided.[46]

In the rest of the document, the staffer conveys Ambassador Gordon's assessment of Brazil, and asserts that from the Ambassador's perspective, "our relations with the Brazilian military are very good." The author concludes by reporting that the Embassy in Brazil has prepared a contingency plan to be used in case a civil war starts.

In another SECRET message, sent from the Embassy in Brazil to the State Department on March 26, 1964, and based on information collected by Vernon Walters, Lincoln Gordon requests the following data be sent to the White House:

On March 20 Army Chief of Staff General Castello Branco sent letters to generals and other officers of army headquarters and subordinate units analyzing [the] current situation in [the] country and strongly upholding [the] Army's traditional role as a non-partisan defender of democratic institutions. [It] is anti-Communist, and, by obvious implication, anti-Goulart, condemning, for example, unattributed intentions of closing Congress and calling [for a] constituent assembly.[47]

In the same message there is a comment depicting Castello Branco as "The most energetic, courageous and responsible Army general on active service." Moreover, according to Walters' information, Castello Branco, "recently … agreed to lead [a] democratic resistance group in [the] military. He is assuming this leadership and throwing his own very considerable prestige against Goulart in direct challenge to [the] latter."

On March 30, 1964, Walters sent a telegram to the Department of the Army, in which he communicated information obtained from General Ulhoa Cintra, Castello Branco's assistant.

---

46 U.S. State Department, *Foreign Relations, 1964-1968, Vol. XXXI*, doc. 185.

47 U.S. State Department, *Foreign Relations, 1964-1968, Vol. XXXI*, doc. 186.

The Army Attaché [Walters] met General Cintra at 2400 hours local Sunday [March 29]. He had just come from [a] meeting of [the] resistance movement to Goulart, and said it had been decided to take action this week on a signal to be issued later. [The] response to [the] Castello Branco document from Second Army Commander General Kruel [is] fully satisfactory. Kruel stated that he agreed one hundred percent with [the] document and considered himself released from any obligation to Goulart by reasons of [the] latter's recent actions. Kruel added that if [he is] relieved as Second Army Commander he would not turn over command. Cintra said that when Castello Branco is relieved as Chief of Staff early this week he will immediately issue [a] denunciation to [the] nation. [A] helicopter has been laid on to move Castello Branco, Gen Cordeiro de Farias and Marshall Dutra out of Rio and on to Sao Paulo when movement is imminent. Cintra indicated that he and BGEN Syseno Garmento will remain in Rio de Janeiro. BGEN Moniz de Aragão will operate in Rio Vila Militar. Movement in Vila Militar will begin from bottom up and plans have been made to neutralize key units believed to be favorable to Goulart and leftists. Cintra said that [the] central command of [the] movement would initially be in São Paulo. Arrangements have been made with navy and air force for joint action. BGE Souto Malan [is] proceeding this morning to Porto Alegre with full instructions for Maj Gen Adalberto Pereira dos Santos there in command of Sixth Inf Div and next senior officer to Third Army Commander. Cintra [is] confident of Minas Gerais Garrison and said Governor Magalhaes Pinto of that state [is] eager for [the] move. Total movement may be triggered by meeting of democratic governors in Porto Alegre on Wednesday. [The] [d]ay [is] not yet decided for initiation of movement. Cintra seemed confident of success.

Major Moraes Rego leaves in the morning [April 1] for Recife carrying instructions for Fourth Army commander Justino Alves Bastos. Comment: While this may be only talk, ARMA has never seen Cintra as assured and positive. ARMA expects to be aware beforehand of go signal and will report in consequence. If opposition intends to do something this is [the] time. Cintra stated flatly [that the] move would occur during [the] coming week barring [an] overriding reason for postponement as further waiting would only help Goulart.[48]

---

48 U.S. State Department, *Foreign Relations, 1964-1968, Vol. XXXI*, doc. 192.

On March 31, at 9 am, Ambassador Lincoln Gordon sent a SECRET telegram to the State Department. The message succinctly announced that "the
balloon had gone up" in Minas Gerais, and the riot against the Goulart government would start in São Paulo in about two hours; that General Mourão
Filho was in command and that he was taking an unknown number of military troops from Juiz de Fora to Rio de Janeiro.[49] At 1 p.m., Gordon sent
a new telegram with more information about the situation. The American
Ambassador communicated that:

> Things [are] moving very quickly with apparently reliable reports
> [of] military movements in Minas Gerais fully backed by Gov-
> ernor Magalhães Pinto and state police. As of noon, [there are]
> no clear indications [of] corresponding action [in] São Paulo or
> other states.[50]

The section on Brazil in this volume of the Foreign Relations of the United
States series presents the transcript of several more telegrams and phone calls
between Gordon and his colleagues in Washington. Finally, at dawn on April
2, the Embassy reported that "reliable [Brazilian] congressional sources" had
confirmed that President Goulart had left Brasília in an airplane bound for
Montevideo.[51]

Walters is mentioned again in a teleconference between the State Department and the Embassy, which occurred in the afternoon of April 2. Gordon
affirms that "ARMA," or Walters, had just seen Castello Branco, and he reported that the country was calm, except for Porto Alegre, where Brizola still
had control.[52]

On April 20, Gordon reported to Washington about his first visit to President
Castello Branco, which had taken place on the morning of the previous Saturday.
Gordon mentions that he congratulated the President for his inaugural address
and that he told Castello Branco that the United States had the highest interest in
seeing a strong and progressive Brazil. Gordon commented on the difference in
the style of conversation between the new and the previous President:

> [The] contrast between [the] tone of this talk and that [of] the
> recent Goulart audiences was as day and night. Castello Bran-
> co was alert, attentive, intelligent, and responsive... I left the
> interview feeling that this was a most auspicious beginning.[53]

49 U.S. State Department, *Foreign Relations, 1964-1968, Vol. XXXI*, doc. 195.

50 U.S. State Department, *Foreign Relations, 1964-1968, Vol. XXXI*, doc. 197.

51 U.S. State Department, *Foreign Relations, 1964-1968, Vol. XXXI*, doc. 204.

52 U.S. State Department, Foreign Relations, 1964-1968, Vol. XXXI, doc. 205.

53 U.S. State Department, *Foreign Relations, 1964-1968, Vol. XXXI*, doc. 212.

And, finally in a telegram sent by Lincoln Gordon to the State Department on June 10, 1964, the Ambassador affirmed that he had visited President Castello Branco again on the previous day in Brasilia. After describing the conversation, which lasted one hour and fifteen minutes, Gordon pointed out that the President spoke about Walters in affectionate and respectful terms.[54]

These messages confirm that Walters was a central source of information for Ambassador Gordon, and that U.S. diplomacy and policy of the period, with respect to Brazil, were linked to Walters' very positive relationship with the new Brazilian president. In 1965, Walters was promoted to the rank of General, and he assumed the position of defense Attaché in the American Embassy in Brazil. He would stay in the country for two more years. In this assignment as defense attaché, he had become more than that. He was now an established political actor.

Ambassador Lincoln Gordon pins the new rank of Brigadier General on Walters' uniform in Brazil, February 1, 1965.

O embaixador Lincoln Gordon coloca a estrela de general-de-brigada no uniforme de Walters, Brasil, 1º fev. 1965.

---

54 U.S. State Department, *Foreign Relations, 1964-1968, Vol. XXXI*, doc. 214.

In 1967, and bound for Vietnam, where he would stay for some time before assuming the military attaché position in Paris, Walters wrote:

> I concluded my second assignment to Brazil, a country that had exercised such extraordinary influence upon my whole life and career. I left that great country with regret, but I have always felt that one should not outstay one's welcome. I had been there nearly five years and felt that it was time to go on to my next assignment. I left Brazil confident that that country was moving toward its great destiny that will one day make it one of the superpowers of the world. It has all of the requisites for achieving such status.[55]

In spite of not being officially based in Brazil after 1967, Walters continued visiting the country and was linked to his Brazilian friends until 2002, when he visited Brazil one week before his death. In the end, his name had become a legend in Brazil. When he was asked during a television interview in 1998 about how he would like to be remembered in Brazil, Walters declared:

> I would like to be remembered for having done what I was able to do as a soldier, to maintain peace, because if Brazil had been lost, it wouldn't have been another Cuba: It would have been another China.[56]

---

[55] Walters, *Silent Missions*, p. 406.

[56] "Morre nos EUA general que conspirou contra Jango," *Folha de São Paulo*, Feb 15, 2002.

Chapter 2—The Missionary's Education

"In Paris, Harriman was the teacher, Walters was the student, and post-World War II Europe, the classroom." (De Rosa)[57]

The Preparation

An analysis of the transformation that occurred in Vernon Walters' career, from being an observer or privileged witness of history, as he liked to say, to becoming a key actor, should take into consideration the people that were essential to that transition. In *The Mighty and the Meek*, Walters emphasizes the transformative contribution of military leaders, statesmen, a king and four popes, in addition to the ordinary people with whom he lived through more than half a century of professional work. Among those most central to an analysis of Walters' career, four individuals stand out: General Mark Clark, President Castello Branco, Ambassador Averell Harriman and President Dwight Eisenhower.

General Mark Clark contributed to transforming a young, still inexperienced captain into a mature official, concerned with details and capable of solving major problems. President Castello Branco was an example to Walters due to his steadiness in facing the dangers of war and his seriousness of purpose on the front lines of his country's destiny. Harriman led Walters to meet people who would contribute to accelerating his career both in the Army and in the several posts he occupied after retiring.[58] And finally, President Eisenhower was the individual responsible for a major paradigm shift in Walters' career.

Walters related to these personalities as an apprentice. He observed them in their role as his "instructors," and through them he learned or improved the techniques he would use later, after the major redirection of his career. With them, he learned how to be an ambitious military man, a refined diplomat, a meticulous intelligence officer, a skillful negotiator, and mainly, a silent, ideological missionary.

---

[57] Michael L. Derosa, *Presidential Envoy 101: Vernon Walters as Attaché-at-Large for Averell Harriman*, Unpublished Master's Thesis (Washington: JMIC, 2005), p. 9.

[58] Vernon A. Walters, *The Mighty and the Meek: Dispatches from the Front Line of Diplomacy* (London: St. Ermins Press, 2001), p. 78-86.

Mark Wayne Clark

Walters and Mark Clark met at the end of 1943, when Walters, at that time a captain, was accompanying General Mascarenhas de Moraes and the FEB's Chief of Staff on an exploratory mission to Italy. Clark was the commander of the Fifth Army, which coordinated the military action of several Allied nations. He insisted on introducing the Brazilians to representatives of several contingents under his command, and he did not hide his admiration when he saw Walters communicating in several European languages.

Some time afterward, when he was stationed in Rio de Janeiro, Walters was ordered to return to Italy. He would be one of three assistants to General Clark. Analyzing in his diary the advantages and disadvantages of exchanging Rio for the Theater of Operations in Italy, Walters compared, on the one hand, the calmness and the comfort he had in Rio, and on the other, the opportunity to win medals, be promoted and travel. The latter advantages were stronger, and he concluded: "With any luck, at the side of General Clark I should see many historical events." [59]

Walters recognized that working as General Clark's assistant represented a new dimension in his career, first because he gained experience whenever he met high-ranking officers and also because General Clark was very rigorous and demanded a lot from his assistants, which made Walters become more careful with details and much more efficient in everything he did.[60]

On one particular occasion, General Clark ordered Walters to wear airborne soldiers' boots and a green silk scarf, similar to the ones he wore. After several unfruitful attempts to get the items, Walters sought out a colonel in charge of logistics. The colonel responded that there was not enough equipment to outfit the real airborne soldiers in the Fifth Army. But Walters said he was the Commander's Assistant and that he was following General Clark's orders. The Colonel, irritated, asked, "Why does General Clark change his aides so often?" Walters replied that only General Clark could answer that question. He records that he got the boots and later, through his own experience, found out why the General's assistants changed so often.[61]

There were moments when Walters felt quite frustrated with the insistent demands coming from his commander and he had to re-read the praise he had received from others to keep his self-esteem at reasonable levels:

---

[59] Walters, *Silent Missions*, p. 87.

[60] Walters, *Silent Missions*, p. 91-93.

[61] Walters, *Silent Missions*, p. 93.

General Clark was very assiduous in his efforts to make me improve my sloppy habits, my forgetfulness, my carelessness and,
in general, my efficiency. Sometimes this had a rather wearisome
and discouraging effect. I had never been as modest as I should
be, but during this period of my life, I often lay in my sleeping
bag at night reading by flashlight my letters of commendation
and citations solely to reassure myself that I was not a complete
damn fool and that some people in the world thought I did a
fairly good job.[62]

Some time after the end of the war, Walters invited General Clark's daugh-
ter, Anne, to have dinner. She wanted to know how long Walters served her
father. Walters answered that he worked with him for five months. She said
that he was one of the assistants who had lasted longest serving her father, but
Walters corrected her: "No, I was the longest."[63]

**Walters in action with Lieutenant General Mark Clark and General Mascaren-
has de Moraes, Italy, 1944. Photo courtesy of Major Elza Cansação, nurse with
the Brazilian Expeditionary Force in Italy.**

**Walters em ação junto aos generais Mark Clark e Mascarenhas de Moraes, na
Itália, 1944. Foto cortesia da major Elza Cansação, enfermeira da Força Expedicionária Brasileira.**

---

62 Walters, *Silent Missions*, p. 95.

63 Walters, *Silent Missions*, p. 109-110.

Humberto de Alencar Castello Branco

Vernon Walters and Castello Branco first met in 1943 at Fort Leavenworth during a special course for the Brazilian officers who would make up the FEB. Castello Branco was a lieutenant colonel; he had studied in the French *École de Guerre,* and he spoke French fluently. At that time, Walters had not mastered Portuguese and Castello Branco helped him with the translations. They became friends as of that moment, despite an age difference of 20 years.

Castello Branco, in spite of seeming snobbish, knew how to laugh at himself and, among friends, he liked to tell jokes about himself. Roberto Campos remembers one of them:

> People say — Castello related — that I gave General De Gaulle a Volkswagen which, due to his height, he could not enter. In response, he presented me with a scarf, although I do not have a neck. People don't know that not having a neck is a useful thing; you can't die, for instance, in the guillotine.[64]

Walters admired Castello Branco's courage when he faced the riskiest situations during the war. Having worked as an associate in the Operations Section commanded by Castello Branco, Walters witnessed situations of great danger close to the Brazilian, observing that he was afraid, as any man would be, but his unequalled self-discipline preserved his calm on such occasions.

In addition to behaving that way himself, Castello Branco demanded the same attitude on the part of those who worked with him. Castello Branco stayed calm, and he was very decisive, despite intense enemy bombings, during the first unsuccessful operations carried out by the FEB. He did feel pressure from some Americans and the envy of other Brazilian officers, "who resented the immense confidence that the division commander placed in him." [65]

Walters also referred to Castello Branco's religiosity:

> Without being ostentatiously religious, there was a deep fiber of spiritual belief in Castello Branco. In more than a year of daily contact with the man in the stress of battle, on a few days' leave in Rome, in contacts with Americans, British or Italians, I never saw Castello Branco do a mean thing or heard him say a shameful word. The moral integrity of the man was beyond challenge.[66]

---

64 Campos, *Memórias*, p. 563.

65 Walters, *Silent Missions*, p. 124.

66 Walters, *Silent Missions*, p. 125.

After the end of the war, when Walters returned to Brazil to serve as the Associate U.S. Military Attaché, Walters' mother started to live with him in Rio de Janeiro, and she became best friends with Castello Branco's wife, D. Argentina. In 1948, Walters was transferred to Paris, but he maintained contact with Castello Branco through letters.

William Averell Harriman

Walters wrote that Averell Harriman probably helped him more in his career than anyone else.[67] De Rosa, evaluating the period when they worked together from 1948 to 1951, wrote that Walters learned about presidential power from Harriman:

> In Paris, Harriman was the teacher, Walters was the student, and post-World War II Europe, the classroom. In two years, Walters met the leaders of Europe, and saw the successful recovery operations that shaped the character of Europe. This assignment would have far-reaching impact for Walters in preparing him for his career in diplomacy.[68]

Walters and Harriman had met each other during the Pan-American Conference in Bogotá in April 1948. Major Walters was the Assistant Military Attaché in the U.S. Embassy in Rio, and he was summoned to work as assistant and interpreter to the Secretary of State, General George C. Marshall, in Colombia. The Secretary of Commerce, Averell Harriman, was part of the American delegation. When describing that first meeting, Walters wrote that Harriman would later have a "significant influence" in his life.[69]

Before the official end of the conference, Harriman was designated by President Truman as special representative of the United States for the administration of the Marshall Plan's European recovery. To accomplish this task, he would be an "Ambassador-at-Large." While still in Bogotá, Harriman found out that Walters knew French, German, Italian, Portuguese and Spanish, and that he had already shown himself to be an astute analyst and a brave soldier. Harriman invited him to be his Military Attaché.

In an August 1988 interview by Deane J. Allen, historian of the Defense Intelligence Agency, Walters remembered that Harriman had said: "I am an Ambassador-at-Large and I want a military Attaché-at-Large."[70] In fact, Walters did

---

67 Walters, *The Mighty and the Meek*, p. 78.

68 De Rosa, p. 9.

69 Walters, Silent Missions, p. 151.

70 De Rosa, p. 9.

become a peripatetic military attaché alongside Harriman. Walters evaluated the situation in the following way: "I believe that I was the only major in the attaché system who was an attaché himself and not an assistant attaché."[71]

The attaché function was fundamental in offering Walters further learning opportunities. As Harriman's translator, he traveled and participated in high-level meetings and receptions in Germany, Greece, Belgium, the Netherlands, Luxemburg, France, and Italy. During that period, Walters continued to work as assistant and interpreter for other American authorities, including for General Marshall at a meeting of the General Assembly of the United Nations in Paris. Walters refined his capacity to write in foreign languages, since Harriman's work frequently demanded that he translate letters into several languages. In that way, he learned new approaches and improved his own skills as he observed Harriman maintaining diplomatic and commercial relations with the heads of Europe.[72]

With Harriman, Walters learned to work on topics such as finance, commerce, transportation, and agriculture. Walters accepted a new concept of leadership, through Harriman, to address the great challenge of reconstructing countries devastated by war. Joint participation with his boss at many meetings and diplomatic receptions taught him prudent tactics, which would become indispensable in his future career. Moreover, while serving Harriman, Walters met Lincoln Gordon in Paris. As they were both away from their families, Walters and Gordon became friends, and a few years later, when he was designated ambassador to Brazil, Lincoln Gordon requested that Walters be his Military Attaché.[73]

This period with Harriman was fruitful for Walters; it was an intensive course of observation and participation that would transform his professional trajectory. In addition to meeting important people, he was elected President of the European Cooperation Administration's Activities Council, which offered him the opportunity to establish many other social contacts.[74]

On June 25, 1950, with the start of the Korean War, President Truman designated Harriman as his Special Assistant, and Harriman in turn invited Walters to be his Assistant. De Rosa notes that moving to the White House as Harriman's Assistant would be a very useful step for an intelligence officer:

---

71 Walters, *Silent Missions*, p. 189.
72 De Rosa, p. 22.
73 De Rosa, p. 23.
74 Walters, *Silent Missions*, p. 179.

He would be able to observe and assist Harriman in navigating the dangerous and unpredictable waters of personal friendship, interagency rivalry, Presidential politics, and international statesmanship. While the Marshall Plan taught important lessons in economics, culture, security, and international relations, this assignment would serve to teach him about loyalty, courage, and the politics associated with the nation's highest office. Each assignment provided new lessons and prepared Walters for his future role as a senior statesman...[75]

In August, Harriman had an assignment to visit Korea and interview General MacArthur. As his assistant, Walters also had the opportunity to participate in this mission. In October, Walters was also invited to join President Truman's delegation bound for Wake Island, where the President met General MacArthur. Walters described the event as being a "meeting of giants."[76] In that period, Harriman rewarded Walters by arranging his promotion to lieutenant colonel.

Truman designated General Eisenhower the first Allied Commander-in-Chief of the North Atlantic Treaty Organization (NATO). In January 1951, Eisenhower got Walters to work as his interpreter on a preliminary visit to the NATO member countries. At that point he began to move away from his previous mentor and enter a new stage of learning with Eisenhower.

Harriman, as he said goodbye to Walters, gave him three books about bridge, because he knew General Eisenhower appreciated the game. In one of the books, Harriman wrote: "Read this book carefully; it may help in your career."[77] And in a letter, he noted his opinion about the "student:" "To me, you are the tops as an officer of intelligence, because through your own sincerity you have the faculty of winning the confidence of others, as well as the shrewdness to deal with those inclined to be less friendly." [78]

Together with Harriman, an experienced diplomat, who truly knew the art of diplomacy, Walters discovered that he wanted to be a Presidential Emissary — the eyes, the ears, and even the voice of the President. The daily contact with Harriman bestowed a lesson in strategic intelligence, in diplomacy, and in high-level politics.[79] The diplomat was almost ready.

---

75 De Rosa, p. 30-31.

76 Walters, *Silent Missions*, p. 207.

77 Walters, *The Mighty and the Meek*, p. 84.

78 De Rosa, p. 25.

79 De Rosa, p. 67.

Dwight David Eisenhower

On December 17, 1943, Walters and the Brazilian officers who would lead the FEB embarked on a B-24 airplane in Rio de Janeiro and flew to Italy on an exploratory mission. In Argel, one of the stops, the group had the opportunity to meet General Eisenhower. Walters recorded that everybody was taken by the power and competence evinced by the American General:

> The Brazilians and I had been quite impressed by his quiet confidence in victory. It was a confidence that was contagious, but completely without bombast. His mission from the combined (American and British) Allied headquarters was to invade continental Europe and destroy the Nazi regime. He did it in ten months and with fewer casualties than anyone had expected.[80]

Considering just that brief meeting, Walters could not foresee the importance of Eisenhower in the development of his professional career. Years later, in 1951, after finishing his service for Harriman, Walters stayed in Europe to serve on the staff of NATO, and for the Commander-in-Chief, General Eisenhower.

He remained at that post until 1954, when he was transferred to Washington, where as Army officer, he served from 1955 through 1960 as an interpreter for President Eisenhower in the White House as well as on official trips overseas. Walters later noted that, "these journeys with him were extraordinary opportunities for me to learn many things and to observe a truly great American in action for his country and for peace."[81] Little is known regarding Walters' activities in this period, nor about his relationship with President Eisenhower, except for his own brief narrative in his book *The Mighty and the Meek*.[82] Walters' personal diaries covering those years are not available. The hand-written diaries he kept, now in the NDIC Walters' Collection, begin in 1966. For the previous years, only scattered notes cover the years 1960 and 1961. However, extant letters between Walters and Eisenhower suggest respect and affection between them.

An example of the high regard that Eisenhower had for Walters is shown in a letter that the former President wrote to the Defense Attaché in Paris in 1968. Eisenhower ended the letter with these words:

---

80 Walters, *The Mighty and the Meek*, p. 15.

81 Walters, *Silent Missions*, p. 309.

82 Walters, *The Mighty and the Meek*, p. 14-20.

So far as I know, the vacancy of our Ambassador to France has not been filled. The President (Johnson) dropped in at my desert home to see me the other day and had I thought of it, I would have told him he ought to arrange to make you Ambassador, as an additional duty.[83]

That comment reflects, no doubt, the work Walters accomplished in Brazil from 1962 to 1966.

During his presidency, Eisenhower had noticed that the moment for a major transformation in Walters' career had arrived; he should stop being only a secondary character to others. More than merely being aware of this turning point, Eisenhower effected this transformation when he designated Walters, at the start of 1960, as Military Attaché in Rome.

President Eisenhower congratulates Colonel Walters on his new rank, April 25, 1960. Photo by Abbie Rowe, Courtesy National Park Service.

O presidente Eisenhower parabeniza o coronel Walters pelo seu novo posto, 25 de abril de 1960. Foto de Abbie Rowe, cortesia do *National Park Service*.

---

[83] Letter from President Eisenhower to Major General Vernon A. Walters, Feb 22, 1968, sent from Indio, California to Paris. Original in Walters' Collection of documents at NDIC.

When leaving the White House, Eisenhower wrote a letter to Walters, who was already in Italy, thanking him for the services rendered:

THE WHITE HOUSE
WASHINGTON

January 4, 1961

Dear Dick:

Before I leave the White House, I want once again to try to express to you my deep gratitude for giving to me so freely of your great talents whenever I needed and requested your help. The service you rendered me over a long period of time was invaluable -- not only because you are so expert in the various languages at your command, but also because of your intelligent grasp of the problems and background of the various countries we together visited.

I earnestly hope that you will continue to enjoy your present assignment and your life in Italy as much as you did when I last saw you, and that the future will be happy and bright.

Please give my best wishes to your mother, and to you of course my warm thanks and personal regard.

As ever, your friend,

Dwight D Eisenhower

Colonel Vernon Walters
OUSARMA
A. P. O. 794
New York, New York

P.S. I am having a copy of this letter placed in your official file.

Letter from President Eisenhower to Colonel Vernon Walters in Rome, Jan 4, 1961, thanking Walters for his extensive services to Eisenhower in Europe and during his White House years.

Carta do presidente Eisenhower ao coronel Vernon Walters em Roma, 4 de janeiro de 1961, em agradecimento aos relevantes serviços prestados a Eisenhower na Europa e durante os anos de Casa Branca.

Walters also recognized that he had gone as far as being an interpreter would take him. The time had come for him to become an important actor in his own right. He would continue to employ his language skills, but they would not be the only tool needed in future assignments. Eisenhower understood the nature of this necessary transformation, and helped Walters achieve it.

The depth of Walters' ties to Eisenhower remains unknown, whereas his very close ties to Harriman and Castello Branco are well understood. Nonetheless, we can infer that many of the former President's known habits, such as honoring collaborators and friends with letters and notes of gratitude, as well as his way of representing American interests in meetings with foreign leaders, many of which were witnessed by Walters, did not go unnoticed and were incorporated as networking tools by this restless communicator.

Again with Castello Branco

When he returned to Brazil in 1962, Walters quickly revived his personal contacts with Castello Branco, who commanded the Fourth Army in Recife. Some time afterward, Castello Branco assumed the post of Army Chief of Staff and came to live in Rio de Janeiro, which promoted more frequent meetings with Walters. Walters wrote that their friendship did not extend to access to privileged information:

> He was a man of brilliant intellect, extraordinarily well-informed on social and political matters, and as unselfish and dedicated as any man I have ever known. He never spoke disparagingly about President Goulart, nor did he ever discuss with me any action he might be contemplating taking. My information on that came from other sources.[84]

One of the few comments that Castello Branco did make to Walters regarding domestic politics happened on March 13, 1964. Walters was in Castello Branco's residence, watching Goulart's speech on television in front of the Ministry of War. The Soviet's sickle and hammer symbol could be seen everywhere, and speeches were inflammatory. Castello Branco turned off the television and he told his friend, with a serious demeanor: "That man is not going to leave when his term is up."[85]

On March 31, 1964, Castello Branco was elected president by a joint session of the National Congress. On the day of his inauguration, Castello and

---

84 Walters, *The Mighty and the Meek*, p. 185.
85 Walters, *Silent Missions*, p. 383.

Walters had lunch together. Walters took a pineapple sculpted in wood as a gift to Castello Branco, and Walters told him that, as President, he would have to care for the largest pineapple[86] in the country. He responded:

> When I married Argentina, she was young and beautiful and belonged to a great family. I was a poor young lieutenant and all I could bring to our marriage was whatever I could achieve in my career. Now that I have achieved everything a man can dream of, short of the salvation of his immortal soul, she is no longer at my side to help me bear this crushing burden.[87]

The media played up the lunch they had shared, with journalists arguing that the recently installed President was receiving orders from the "imperialist Yankees."[88]

Regarding the press insinuations about his possible influence on his friend Castello Branco, Walters wrote:

> There have been many reports, all false, to the effect that I in some way pushed him to take the leadership of the plotters and overthrow Goulart. Castello Branco was a proud Brazilian and had I or any other foreigner ever made any such suggestion to him, he would have indignantly rejected it and it might well have terminated our friendship. I knew this and therefore was never tempted to try to influence him or to seek information from him. I valued his friendship too highly.[89]

When he left the Presidency at the end of his term, Castello Branco invited Walters to have dinner at the National Hotel in Brasília. Walters alerted the President that the press would criticize him for that, and Castello Branco answered: "They accused me of having you to the first lunch, now all they can say is that you were also there for the 'Last Supper.'"[90]

On March 14, 1967, Castello Branco offered his portrait to Walters, with the following inscription:

---

[86] The term *abacaxi* (pineapple) in Brazil bears a colloquial meaning as "a very troublesome task."

[87] Walters, *The Mighty and the Meek,* p. 186.

[88] Walters, *The Mighty and the Meek,* p. 220.

[89] Walters, Silent Missions, p. 381-382.

[90] Walters, The Mighty and the Meek, p. 187.

Walters: Herewith I renew my respect for you, to a brave companion at war and to a permanent friend in peace, who makes intelligence come alive and has a great sense of service to Brazil.[91]

The night Walters left Brazil for his next assignment, Castello Branco, who had already left the Presidency, went to the port to say goodbye. That was the last time they saw each other. When Walters became aware of Castello Branco's death, he was based in Vietnam, and he wrote a letter from Saigon to General Arthur Moura, who had taken the attaché post in Brazil, expressing his sadness over the loss of his friend:

I was dismayed and deeply shaken by the death of my dear friend and companion of war, Marshall Castello Branco. With him, Brazil, the Americas, and peace have lost a great man. I will always remember him as one of the noblest and most upright men I had the honor of knowing in all my life. Last Sunday, in the small city of Sace, in the Mekong delta, I asked the chaplain to say a mass for him during which I took communion so his soul may rest. Therefore, he will be remembered on this bloody Earth, where U.S. youth defend the same freedom for which he did so much. During the mass, the sound of artillery could be heard perfectly and I remembered the many masses that I attended with him in Italy with the same background sound. I hope you have had the opportunity to give my telegrams to Paulo and Nieta.[92]

Walters' partnerships with General Clark, Castello Branco, Harriman, and Eisenhower, in addition to his work with other masters, was his preparation, a virtual school, where he studied subjects not offered in the best military schools. His "academic specialty" was in the field of military, diplomatic, and intelligence activities. He created and developed skills to take maximum advantage of the synergy resulting from these three overlapping areas.

---

91 Walters, *The Mighty and the Meek*, photospread, ff. p. 160. See photo with original inscription in the Portuguese text later in the present work.

92 Paulo and Nieta were Castello Branco's children. A copy of the letter, dated July 25, 1967, was kindly shared with the author by General Moura.

Chapter 3 — Powerful Products of Their Time

"The circumstances of the Cold War and the common understanding of those circumstances encouraged good men to make certain decisions for the best or for the worst. They were not tools of their time, but they were powerful products of it." (Suri)[93]

Knowing the people who played a significant role in his professional preparation, we can understand better the circumstances in which Vernon Walters lived and acted by asking whether there were other individuals in recent history who successfully managed to integrate military, diplomatic, and intelligence activities in their career.

In Search of Precedents: The Difficult Synergy between the Military and Diplomats

In the United States, discussion of the need to balance military ("hard power")[94] and diplomatic activities ("soft power") is venerable, and remains quite heated. The usual asymmetry in favor of hard power is clear in the outcome of the annual budget allocations for both areas. Military spending for Fiscal Year 2009 sits at $515 billion (excluding complementary expenses for the wars in Iraq and Afghanistan), while spending for diplomacy totals only $38 billion.[95]

The successful integration of military and diplomatic capabilities, exemplified by Walters and others, remains strategically relevant. Recently, the U.S. Secretary of Defense and the President both recommended increasing the number of State Department Foreign Service Officers to free current officials for language study and attendance at senior military schools, to promote better coordination with the military.[96]

---

93 Jeremi Suri, *Henry Kissinger and the American Century* (Cambridge, Massachusetts, Belknap Press of Harvard University Press, 2007), p. 7.

94 *Hard power* refers to national power that comes from the application of military means and economic incentives, in contrast with *soft power*, which employs diplomacy to promote cultural and historical preferences, and that often has an ideological character. International Relations expert Joseph Nye created the terms.

95 Budget of the U.S. Government: Fiscal Year 2009. Published by U.S. Government Printing Office, GPO Access, at *http://www.gpoaccess.gov/usbudget/fy09/browse.html.*

96 "More 'Troops' for U.S. Diplomacy," *Christian Science Monitor*, Feb 8, 2008. Available at: *http://www.csmonitor.com/2008/0208/p08s01-comv.html.*

From 1962 to 1967, Vernon Walters put his own stamp on military and diplomatic coordination associated with the U.S. Embassy in Brazil. As a successful military man, he understood the primacy of winning minds and hearts through the establishment of social connections. Although in his own words, violent conflicts were for many years the very air he breathed,[97] the main weapons at his disposal as an interpreter, diplomat, Presidential Emissary, and officer of intelligence, were ideas, and their manifestation in words. Peter Adams, his nephew, affirmed that Walters was a true "wordsmith," a craftsman of words. Argumentation and persuasion are the diplomat's tools.[98]

As an earlier example of a "Connector" between the expression of hard and soft power — in other words, someone who had understood the importance of such synergy, we can point to diplomat Robert Murphy.[99]

For more than 20 years prior to 1940, Murphy was a conventional employee of the State Department, following standard career steps until he reached the position of Embassy Counselor in Paris. His career would have remained unremarkable if France had not been defeated by the Germans. The nature of his work suffered an abrupt change after that event. President Roosevelt summoned him for a private conference in the White House and promoted him from a conventional diplomat to a personal representative of the President in French-Africa.[100]

His initial mission was to evaluate the possibility of gaining support from the French Empire in Africa for the Allied war against the Nazis, over a period of four extraordinary years. During that period, Murphy engaged in preparations for the Allied disembarkation on the African continent — the first important American combat operation in World War II. He also accomplished other successful, secret assignments.

His work demanded the development of a close relationship with both American and foreign military representatives. As President Roosevelt's chosen agent, Murphy did not have to accept the usual arms-length approach that obtains between the military and diplomats. To the contrary, he established "combined operations" between the two components and it was to such cooperation that he dedicated the remainder of his career. The title of his autobiography, *Diplomat among Warriors*, reflects that aspect of his professional conduct.

---

[97] Walters, Across the World, p. 3.

[98] Interview granted to the author by Peter Adams on Dec 17, 2007.

[99] Robert Murphy, *Diplomat among Warriors* (New York: Doubleday & Company, 1964).

[100] Murphy, p. 67, 105-106.

Due to his ability to socialize with American, British, and French soldiers, his work in Africa paved the way for similar missions in preparation for the invasion of Italy, for the final campaign to conquer Germany and later, for the occupation of the American Sector in Berlin. Due to his secret assignments and his skills as the Presidential Emissary, Murphy was called by Time Magazine "the world's fastest-moving, most highly skilled diplomatic fireman."[101]

Establishing Parallels

The precedent established by Robert Murphy, of implementing policy through carefully managed synergy between military officials and diplomats, contributes to a better appreciation of the work carried out somewhat later by Walters; however, there are still other facets of the latter which deserve to be explored. Those characteristics will be analyzed in comparison to another major figure of the Cold War.

To continue the parallels, some of the additional aspects of Walters' professional career need to be placed in perspective: the historical time in which he lived, with the influence of World War II and the Cold War; his surprising success, given his meager formal education; the special talent (the proficiency in languages and the prodigious memory, for instance), which overrode deficiencies in formal education; the capacity for creating and maintaining social connections; unfailing access to the main center of power, with the nearly unique capacity to exert some kind of influence there; and the fact of being simultaneously a target of criticism and a recipient of honors while remaining at the center of public controversies.

With respect to World War II and the Cold War, several important people could be singled out for comparison with Walters and his career. However, the renowned Secretary of State Henry Kissinger stands out as a candidate for effective comparison for many reasons. Kissinger's successful career also would have seemed unlikely. After all, he was German, Jewish, and an immigrant. Yet he reached the highest post in American diplomacy and became a player of great influence on the global scene during the second half of the twentieth century. Although this side of Kissinger is less well known, he was also a soldier in the U.S. Army, worked in intelligence there, and contributed at several levels above his pay grade in supervising German civil reconstruction efforts in the immediate post-war period. Like Walters' name in Brazil, Kissinger's name is everywhere a magnet for controversy, as well as for honors. For in-

---

101 "Five-star Diplomat," *Time Magazine*, Aug 25, 1958. Available at: *http://www.time.com/time/magazine/article/0,9171,868704,00.html.*

stance, he is criticized for his implementation of policies in Vietnam, Cambodia, Chile, and Angola.[102]

Kissinger's and Walters' Early Years

Henry Kissinger was born in the German city of Fürth, in Bavaria, on May 27, 1923, and was therefore six years younger than Walters. As the child of a relatively prosperous family, Henry and his brother Walter had access to good education and probably had better social prospects than most other young men in Paris, London, or even New York at that time. The young Kissingers went to public school, where they studied Goethe; at home and in the synagogue they learned the Talmud. Because the family was Orthodox, they were not completely accepted in German society, despite considering themselves German in terms of national identity as well as in a professional and cultural sense. The sensation of being outsiders in that society was reinforced by the fact that their father, Professor Louis Kissinger, was excluded from military service during World War I. It was nonetheless possible to maintain a certain cultural identity that promoted knowledge and maturity. Kissinger's home was full of classics of German literature, and the family possessed a piano. Such an aspiration toward higher levels of culture allowed the family to accommodate itself to the circumstances. When the Kissingers and their neighbors examined their values, they engaged in a dialogue with the cultural values presented in the works of Goethe, Schiller, and Wagner.[103]

Walters' father was a British insurance salesperson and his mother was a descendant of Irish forbears. From age six to sixteen, Walters lived in France and in England, where he studied in Catholic schools. He took advantage of the time he lived in Europe to absorb foreign languages and to acquire an astonishing facility for language learning, as noted by Ambassador Hugh Montgomery.[104] During that period, he became fluent in French, Italian, German, and Spanish. In the Army he learned Portuguese, Russian and Dutch. On his family's return to the United States in 1933, his father encountered serious financial difficulties, and young Vernon had to leave school and take a job as a messenger for the London Guarantee and Accident Company in New York City. Because of his linguistic skills, he soon became an insurance investigator for the company. Walters wrote that his job was interesting because he could

---

102 Suri, p. 5 and 6.

103 Suri, p. 26-30.

104 Hugh Montgomery, in *Vernon A. Walters: Pathfinder of the Intelligence Profession* (Washington: JMIC, 2004), p. 9.

speak in many languages with the foreign-origin customers, but that was not what he hoped to do in his life.[105]

In the year when the Walters family returned to the United States, the Nazi Party took over in Germany, and anti-semitism, which had previously been expressed in isolated instances, became a government policy. Louis Kissinger was prohibited from teaching in the public school in Fürth, and he could only get a job in Jewish religious schools. The boycott of Jewish businesses quickly paved the way for manifestations of explicit violence and persecution. Young Henry Kissinger witnessed that violence for five years, until 1938, when his family moved to New York.

The social change was abrupt. Paula, Henry and Walter's mother, got a job as a household worker and the two young men got jobs to help pay the family's expenses. His experience of anti-semitism, violence, and exile could explain some of the policies adopted later by Kissinger, but he always denied that those first years had any influence over his subsequent public involvement:

> I was not consciously unhappy. I was not so acutely aware of what was going on. For children, those things are not that serious. It is fashionable now to explain everything psychoanalytically, but let me tell you, the political persecutions of my childhood are not what control my life.[106]

In contrast to Kissinger, Walters recognized the influence that his childhood had on the development of his life, mainly as a function of living in Europe and learning languages.

> The knowledge of those languages influenced my life in uncountable ways, during half of a century of service rendered to the Government. The linguistic talent took me to many places and on strange missions and to more than 140 countries. I could meet and visit repeatedly many important foreign dignitaries and I had access to innumerable key characters of modern North American history. But it also gave me the opportunity to have contact and to talk to a lot of humble people in the world who, sometimes, seemed more fascinating than many "important" characters.[107]

---

105 Walters, *Silent Missions*, p. 5

106 Suri, p. 48.

107 Vernon Walters, Poderosos e Humildes (Rio de Janeiro: Biblioteca do Exército Editora, 2000), p. 13.

The Beginning of Military Life

Kissinger enlisted in the Army at the beginning of 1943, all at once leaving his family, the Orthodox Jewish community and his German friends. He first trained at Camp Croft, in South Carolina, along with privates from several parts of the country, but very few were German or Jews. The intensity of the training allowed public secularism to gain the upper hand over private religiousness, a shift that would leave a strong impression on Kissinger by virtue of its being dramatically different from his personal experience in Fürth and in New York. The Army did not respect Jewish holidays nor did the dining hall offer kosher food. The young Jews had to "eat ham for Uncle Sam."

Kissinger recognized that the "significant thing regarding the Army is that it made him feel like an American. It was an Americanization process. For the first time I was not among Germans. I started to trust the Army." His brother Walter, who also enlisted in the Army, recognized that the military "opened a new world for us, a world that our parents could neither share nor understand."[108]

Kissinger was naturalized in March 1943, six weeks after his enlistment. That event held great meaning for him, as he acknowledged 60 years later: "I never felt myself a foreigner ... Actually, I lost my accent when I was in the Army."[109] Most would disagree with that assessment. Walters, when he wrote about Kissinger as one of the Mighty he knew, notes that the accent remained, even though Kissinger's younger brother had lost his.[110]

When he entered the Army, Walters imagined that his experience in Europe and the fact that he spoke several languages would assure him an important position immediately. On May 2, 1941, when he presented himself at headquarters, he received the code 0506, which he imagined to be a reference to some officer rank:

> At one point a master sergeant was very impressed by the fact that I spoke a number of languages. He went and got a major, who was a pretty exalted being in those days, or so it seemed to me. The major came over and asked me many questions about my life in Europe and the languages I spoke. This was a time when large numbers of people were being taken into the Armed Forces, some of them in very high ranks. ... I half suspected that

---

108 Suri, p. 58.
109 Suri, p. 59.
110 Walters, *The Mighty and the Meek*, p. 93.

they might offer me a job as a lieutenant colonel in Intelligence. Since I felt that we would soon be in the war and that everybody had to make sacrifices, I decided that if they offered me [the rank of major], I would take it.[111]

Contrary to his optimistic expectations, Walters discovered that the code referred to a more modest position — that of truck driver, as a private. He imagined that someone had made a mistake. "Surely, with all my languages and having lived in Europe all that time they weren't going to do that to me."[112] But they did.

Working in Intelligence

At the end of 1944, Kissinger was with the 84th Infantry Division. Due to his proficiency in German, he was transferred to the Intelligence Division, and soon to counter-intelligence, with the mission of arresting Nazis, extracting information from them, and helping administer the occupation of Germany. The historian Jeremi Suri notes that the tables had turned very quickly. The exile had returned to his homeland with the power of punishing those that had banished him, and this did not happen by accident.

William Donovan, the head of the Office of Strategic Services (OSS),[113] had pressured the Army and other American military institutions to promote German Jewish immigrants. He recognized their potential contribution to acute analysis in support of the occupation of Germany. In April 1943, Donovan wrote to the Army's Assistant Chief of Staff endorsing the recruitment into intelligence of such "especially qualified people." Along with Kissinger, many other refugees played important roles in the U.S. occupation of Germany. They were guides, translators, and interpreters for the American military men, who were entering strange territory.

For Suri, Kissinger's assignment to counter-intelligence offered him a privileged position. He had access to important people and institutions that would promote his career; however, he would maintain his status as an *outsider*, which, in terms of intelligence, accords with being an observer of the two sides — the occupiers and the occupied. Kissinger had the skill to relate

---

111 Walters, *Silent Missions*, p. 6.

112 Walters, *Silent Missions*, p. 7.

113 The Office of Strategic Services was an American Intelligence body, predecessor of the CIA.

Henry Kissinger in his Army uniform, visiting his mother's hometown in Germany, 1945. As a 21-year-old enlisted soldier, and then as a sergeant in counter-intelligence, he was the military administrator in charge of re-establishing the management of medium-size to large cities because of his familiarity with the German language and behavioral traits. Photo from U.S. National Archives, 306 PSC, Box 80, image code 73-2358.

Henry Kissinger, em seu uniforme do Exército, durante visita à cidade natal de sua mãe na Alemanha, 1945. Como um soldado alistado, com a idade de 21 anos, e então como um sargento na contra-inteligência, ele foi o administrador militar encarregado do gerenciamento de cidades médias e grandes em razão de sua familiaridade com a língua alemã além de outros predicados culturais. Foto do National Archives, 306 PSC, Caixa 80, código da imagem: 73-2358

Lieutenant Walters following Officer Training School at Fort Benning, Georgia, 1942.

O tenente Walters depois do curso de oficiais no Forte Benning, Geórgia, 1942.

to societies on both sides of the Atlantic. That quality characterized him as "especially qualified, in Donovan's sense."[114]

Similarly, Walters, due to his European heritage and proficiency in several languages, was soon employed in intelligence. Walters narrates an episode that baptized him into the activity as he attended a course at Fort Ethan Allen. There, he was contacted by an agent of the Federal Bureau of Investigation (FBI), who requested that he infiltrate a group of Germans suspected of transmitting information via radio to a German U-boat. His accomplishment of that assignment was considered satisfactory by the FBI, which sent a letter of commendation to Walters' commander, who already had a similar, positive impression of Walters.[115]

After attending Officers' Training School at Fort Benning, Georgia, his first position as an officer was in the recently-founded 85th Division at Camp Shelby, Mississippi where, in addition to commanding a platoon, he was chosen to lead the Information Section, a function usually performed by captains or majors.

Walters was soon transferred to the Military Intelligence Training Center at Camp Ritchie, Maryland. He would later write:

> Camp Ritchie contained an extraordinary conglomeration of soldiers and officers, all of whom had some sort of foreign or intelligence background. Rare was the man who spoke English without an accent. Nearly all had lived abroad or were immigrants or refugees and had some sort of linguistic capability.[116]

Walters was assigned to the French section. His linguistic talent was finally paying off.

On October 8, 1942, the U.S.S. *Lyon* left the U.S., bound for the North African coast. Walters was on board, and he would participate in the war for the first time. The disembarkation point was next to the city of Safi, Morocco. Walters' main duty was to interrogate prisoners using their own language. During this assignment, he was promoted to first lieutenant.

As he had been the only officer who interrogated prisoners in three languages — German, French, and Italian — he received orders to return to the United States to teach a course on prisoner of war interrogation at Camp Ritchie. Finding transportation back to the United States was not easy. After

---

114 Suri, p. 70.
115 Walters, *Silent Missions*, p. 13, 15.
116 Walters, *Silent Missions*, p. 18.

waiting for many days, he volunteered to sit as waist gunner on a B-17 from Gibraltar to London. In his memoirs, Walters describes this trip:

> We took off from Gibraltar in the early morning darkness, climbed out over the Strait and then headed westward. We flew along the Spanish and the Portuguese coasts and could see brilliantly lighted towns and cities. Daylight came as we rounded the southern tip of Portugal, near Sagres Point, where Henry the Navigator planned some of the great Portuguese voyages of exploration. Setúbal and the mouth of the Tagus were visible, though Lisbon itself was hidden by the clouds. At the time I did not realize the role that Portugal and its language would play in my next mission; indeed in my career in the years ahead.[117]

Walters completed the return trip to the United States on board the *Queen Elizabeth*. When he arrived at Camp Ritchie, he was entrusted to lead the Italian Department of prisoner-of-war interrogation. In that post, he would give a three-hour lecture to each group of students, describing how his group of intelligence officers had been organized and employed in Northern Africa. Those teaching opportunities planted a seed for the growth of his ability to entertain audiences.[118]

That Kissinger, after serving as Military Administrator for German cities early in the U.S. occupation, was also designated to act as an instructor at a training school for intelligence, is noteworthy. In April 1946, the Army transferred him to the European Command's Intelligence School at Oberammergau, in the alpine landscape of Bavaria, where he instructed Allied soldiers about German society. At that time, the young Kissinger still did not hold a university degree, but he had already taught older and more educated officers. In May 1946, he officially left the U.S. Army but immediately rejoined the Intelligence School there as a civilian instructor.

Winning Minds and Hearts

Another similarity between Kissinger and Walters was the undeniable capacity of both to develop and maintain a wide variety of social ties. Suri notes that in occupied Germany, instead of organizing police patrols to locate and arrest Nazis, Kissinger operated through personal interaction and social contacts. In 1945, given his administrative skills, his political seriousness and his

---

117 Walters, *Silent Missions*, p. 57.

118 Richard V. Allen, " Master Strategist: Vernon A. Walters, R.I.P.," National Review Online, Guest Comment. Feb 18, 2002. Available at: *http://www.nationalreview.com/comment/comment-allen021802.shtml.*

knowledge of German society, at the age of 21, Kissinger was named Military Administrator of the city of Krefeld, a community with about 200,000 inhabitants, located on the banks of the Rhine River. Kissinger held social events in his house to strengthen professional connections with the mayor of the city, with the police commander, and with others who could help rebuild the region.[119]

In 1947, Kissinger, now 24 years old, returned to the United States as a war hero. He brought back with him three valuable accessories: his military experience, his familiarity with German society, and his mighty mind. He still did not have access to an influential social network, nor to political decision makers. That access would come as time went by at Harvard, where he entered as a student and remained as a teacher, and then through his career in the University of the Cold War. Kissinger's friends during the Harvard years described him as being a very serious person, and at the same time inattentive to what happened around him and with little real empathy for the people with whom he had social contact. Being very shy, he did not cultivate enduring friendships with other students and he remained suspicious of everybody. [120]

Those introverted personality characteristics, however, did not keep Kissinger from being recognized by the teaching staff at Harvard for his notably powerful mind, capable of processing unlimited information, formulating convincing arguments, and coming up with detailed solutions to practical problems. For those reasons, Kissinger, still a graduate student, received his mentors' trust to manage various academic exchange programs. In 1950, in the first year of his doctoral program at Harvard, Kissinger helped create and manage the "International Seminar," which became one of the first and most influential centers for the formation of a Cold War network of intellectuals and political leaders.

The concept of that seminar, emphasizing the new role of the U.S. as the defender of Western civilization, and the leader of a post-war transatlantic world, caught the attention of the CIA and of other intelligence agencies, which were interested in monitoring the seminar but did not want to force any modification to its structure. The participants included representatives of countries such as Japan, Belgium, Turkey, Malaysia, and Israel; there were ambassadors, directors of large corporations, and intellectuals, mainly from Europe and Asia. Already the seminar director, Kissinger was at the center of the network. He had more contacts than any other participant in the seminar

---

119 Suri, p. 68.
120 Suri, p. 110.

and he maintained those contacts through letters and social gatherings even decades later. The objective of the seminar was neither to "Americanize" the guests nor to "Europeanize" the hosts. It was in fact to create a group of Cold War elites, to forge a collective identity for the protectors of Western civilization against a threatening world.

To convey an idea of the prominent position that Kissinger occupied as a result of this seminar, economist Thomas Schelling, a participant who later won the Nobel Prize, once commented that when he was traveling to Greece on vacation with his wife, Kissinger offered him the name of a contact in that country. Schelling was surprised by the influence of that contact, who arranged a car with a driver for the couple, a boat to visit some islands, and one year later, invited him to return to Greece to participate at a conference and meet the Royal family.

Those contacts were valuable for Kissinger throughout his career. By the end of the 1950s, this immigrant had been transformed into more than a node in the network; he had become a professional builder of social networks, working essentially worldwide. Kissinger's diplomatic activities, from the first days of the International Seminar through the years he spent in Washington, were focused, almost in an obsessive way, on fostering interpersonal connections among global elites.[121]

In discussing Walters, General Meira Matos said that the fact that he had remained single, that is, without family obligations, especially after the death of his mother with whom he lived until 1964, favored his maintaining continuous social contacts, either by visiting or welcoming people, almost every day of the week.[122] Like Kissinger, Walters was always well informed, and always took advantage of his contacts when a friend requested a favor of him. Here is the *Veja* Magazine description of that characteristic:

> He is capable of supplying a youthful applicant with the best information on a new submarine and a Belgian banker with a presentation card for a good jeweler or an accessible minister in Thailand. "A Walters' friend never stays unhoused in any capital of the world," according to a thankful friend.[123]

---

121 Suri, p. 110-124.

122 Interview granted to the author by General Meira, May 15, 2006. Readers may initiate a comparison of the social networks of Walters and Kissinger by calling up a social network diagram through *http://www.namebase.org.*

123 "A rápida visita de 00-Walters," *Veja* Magazine, Dec 27, 1972, p. 22.

Other Points of Comparison

Both Kissinger and Walters were tireless travelers. As international characters, their images are linked to different points of the globe. Kissinger became an icon for "shuttle" diplomacy, especially in the Middle East.[124] Walters kept meticulous records, allowing him to determine that between 1981 and 1987, during the period when he worked as Presidential Ambassador-at-Large, he had the opportunity to visit 144 countries, flying more than 3 million kilometers and spending 3,293 hours on 1,234 different flights.[125]

In developing their careers, Kissinger and Walters both knew how to take advantage of the opportunities that came with World War II and the Cold War. They knew how to use their European experiences as a valuable tool; they knew how to gain the support and backing of important people of their time; and they were remarkably astute advisors. They directly observed key public figures at work and took advantage of their special talents to become trusted international negotiators on behalf of successive U.S. presidents. Both knew how to become indispensable to powerful people, which guaranteed their selection for important assignments, one after the other. Kissinger and Walters served both Republican and Democratic leaders. Before working for Rockefeller, Kennedy and Johnson, Kissinger had worked for Truman and Eisenhower in lower positions.[126] Walters was interpreter for Presidents Roosevelt, Truman, Eisenhower, and Johnson; he also acted as Deputy Director of the CIA during the Nixon and Ford administrations. He was also Ambassador to the United Nations (UN) and Germany under Presidents Bush and Reagan. Finally, both Kissinger and Walters became controversial characters, as they defended their own deeply held values.

In short, the second half of the twentieth century was a fruitful period for non-elected officials with a strong background in intelligence and with special talents to synthesize the often separate contributions of military, diplomatic, and national policy circles and apply that synthesis to international initiatives. In a climate of potential global or even nuclear confrontation, people who knew how to negotiate the highest levels of all three areas played an important role. Few individuals could operate at such a high level on the international stage; that is why the careers of Walters and Kissinger stand out so clearly. Robert Murphy remains a lesser-known practitioner of this craft, and so far as

---

124 Walter Isaacson, *Kissinger: A Biography* (New York: Simon and Schuster, 2005), see especially chapter 24.

125 Walters, *Across the World*, p. 2.

126 Suri, p. 175.

is known, he did not bring a formal background in intelligence to the table.[127] Just as Suri declares, "the twenty-first century awaits Kissinger's successor,"[128] we can also ask: Will there be another soldier-diplomat steeped in intelligence and with so many skills and talents as Vernon Walters?

---

[127] In his book *Diplomat among Warriors*, Murphy refers to the de facto intelligence role played by U.S. and other diplomats (p. 7-8), but does not acknowledge any formal training in the business. Joseph E. Persico, in *Roosevelt's Secret War: FDR and World War II Espionage* (New York: Random House, 2001), p. 209-213, describes Murphy's leadership of the President's 12-man North African "spy ring" which had been "foisted on the State Department," (p. 209) and Hal Vaughn's book, *FDR's 12 Apostles: The Spies Who Paved the Way for the Invasion of North Africa* (Guilford, Connecticut: The Lyons Press, 2006), re-emphasizes this reality. Murphy's mission began on Dec 18, 1940, about six months before the President's official intelligence arm, the Office of Strategic Services, was launched.

[128] Suri, p. 274.

Chapter 4 — A Legend in Brazil

"Not everything they say about me is true…" (Walters)[129]

"Just a Well-Informed Attaché"

The term attaché holds a particular meaning in the diplomatic field. In order to be an attaché, it is not enough for a military professional to work abroad; it is required that he have full diplomatic status. Historically, the attaché was a mixture of soldier and diplomat and therefore not always well-received in the host country.[130] The military attachés were the eyes and ears abroad before the development of the satellite picture and the sophisticated techniques of electronic collection. Starting in 1910, those with that assignment were authorized to use the *aiguillette* or military braid, a symbol of the unique, diplomatically accredited status of the military attaché.

At the start of the World War I, there were 23 American military attachés working in other countries. After that, most U.S. embassies hosted military attachés and the intelligence-oriented Cold War confirmed the continuing need for these officers.[131] Their present-day employment is not well-documented in open literature, although a reader can gain some insight from an account published by the U.S. National Defense Intelligence College.[132]

In that context Walters found his calling as "a professional military attaché." An historian with the Defense Intelligence Agency (DIA), Brian G. Shellum, completed meticulous research on the history of the American Military Attachés, and concluded that no one else in the system had served in as many assignments abroad as Walters. When he was a captain, Walters was Assistant to the Military Attaché in Brazil from 1945 to 1948; as a major, he was Attaché-at-Large in Paris under Harriman from 1948 to 1950; from 1960 to 1962, Colonel Walters was Military Attaché in Rome; from 1962 to 1965, he was Army Attaché in Brazil and, with his promotion to General, he stayed in the country as Defense Attaché from 1965 to 1967; finally, he was the Defense Attaché in France from 1967 to 1971. These assignments accounted for almost

---

129 Walters, *The Far Corners*, p. 233.

130 Timothy C. Shea, "Transforming Military Diplomacy," *Joint Force Quarterly*, no. 38 (July 2005), p. 50.

131 Shea, p. 50.

132 See F.G. Satterthwaite, "Visit to Mazagon Dockyard, Bombay," in *Bringing Intelligence About: Practitioners Reflect on Best Practices* (Washington: JMIC, 2003), p. 29-40. Available at *http://www.ndic.edu/press/5138.htm*.

Brigadier General Vernon Walters in his Embassy office in Rio de Janeiro, 1965.

O general-de-brigada Vernon Walters em seu escritório na embaixada, Rio de Janeiro, 1965.

half the time he spent in the Army.[133] Walters himself wrote that he lived abroad 26 out of the 36 years of his military career, in various capacities. According to Walters, "Perhaps General MacArthur spent a higher percentage of his time in service outside our country than I did, but not many others."[134]

Considering the entire time he spent as attaché, his second assignment in Brazil was the one that most influenced his overall career. On July 30, 1962, the U.S. Ambassador to Brazil, Lincoln Gordon, met with President Kennedy in the White House. The subject was the discomfort caused by the influence of Communists and of other leftist elements in the Brazilian government. The Ambassador argued that the possibility of a military coup could not be dismissed and that one of the most important tasks for the Americans would be to strengthen Brazil's military institution.

The President asked Gordon about his military attachés at the Embassy. Gordon said that the Navy attaché was very good. He had been in Brazil for some years, he was fluent in Portuguese and he knew his tasks. However, the Navy was not the most important force in Brazil. Similarly, the Air Force was quite small. The Air Force attaché was also very efficient and had good contacts within the Brazilian Air Force. Moreover, he was a very good pilot:

> But, I said, the Army attaché is by far the most important. He is terrible; he has been terrible. Fortunately he is being replaced. He doesn't know a word in Portuguese and what he really likes is to play golf. As far as I know, each week he spends some hours of conversation in English with friends from the Brazilian Army. Based on those conversations, he writes four or five telegrams. The remainder of the time he spends at the golf course. He stays in contact with the Brazilian officers who speak English, but they are always the same. That does not offer him much. And I concluded by saying his replacement is already in the training phase.[135]

Kennedy wanted to know the type of training the new attaché would receive and the Ambassador affirmed that the officer was studying the language. The President shook his head negatively and said: "This one will not work." Kennedy asked whether Gordon knew a good attaché who spoke Portuguese. The Ambassador thought for an instant that he would answer that he didn't, when suddenly he remembered an officer he had known in Paris, 14 years

---

133 Brian G. Shellum, "Panel on LTG Walters' Military Intelligence Years," In *Vernon A. Walters: Pathfinder of the Intelligence Profession* (Washington: JMIC, 2004), p. 26.

134 Walters, *Across the World*, p. 4.

135 Interview granted to the author by Lincoln Gordon, Dec 5, 2005.

earlier. He told the President: "Yes, I know someone." It was Colonel Vernon Walters.

In 1948, Gordon was in France working on the implementation of the Marshall Plan when he met Major Vernon Walters, who was Averell Harriman's assistant. Gordon was a "geographical widow" in his own words, because his family had stayed in the United States, and of course Walters was also single. Therefore, they started to have dinner together whenever possible, where Walters spoke about his affection for Brazil and about the experience he had with Brazilians during World War II. Gordon considered Walters an "absolutely fascinating" character and he was impressed by his linguistic skills and with his talent for storytelling.

Therefore, Gordon suggested Walters' name to President Kennedy, but he included a disclaimer that Walters would probably not like the change, since the position in Italy was somewhat more important than the one in Brazil. The President answered that if the Army managed to get someone as good as him, someone else could be sent, but if he did not manage to get a skillful representative, Walters would be transferred, regardless of whether he liked it or not.[136]

Walters had been based in Rome for two years and he loved the position. As Gordon had foreseen, he did not welcome the news about his transfer and it was with "great reluctance" that he left Italy.[137] Elio Gaspari wrote that Walters, as a matter of fact, hated the idea of leaving a top position with a team of 30 people to lead an office where there was just a major and a secretary. Walters reflected: "If they want me to do what I think they want, I will not have enough status." According to Gaspari, Walters thought of retirement.[138]

Walters' self-discipline overcame his reservations and on October 10, 1962, he left Rome bound for Brazil. When he arrived at the Embassy, Lincoln Gordon offered him some guidance on his new assignment. The Ambassador explained the political situation in Brazil, the Communist threat, and the deteriorating relations with the United States. Finally, Gordon explained his mission:

> From you I want three things: First, I want to know what is going on
> in the Armed Forces; second, I want to be able in some measure

---

136 Gordon interview, Dec 5, 2005.

137 Walters, *Silent Missions*, p. 368.

138 Elio Gaspari, *A ditadura envergonhada* (The Embarrassing Dictatorship) (São Paulo: Companhia das Letras, 2002), p. 60.

to influence it in some way through you; and third, most of all, I never want to be surprised.[139]

Walters' successful work under Gordon made him a legend in Brazil, mainly because his abilities made him the ideal instrument to fulfill the second charge that Lincoln Gordon had given him: influencing the Armed Forces' stance. Walters was convinced of the importance of achieving such influence:

> Almost since the dawn of organized human society[,] governments who feel threatened by actions or apparent intentions of other governments have tried to find out as much as they could about those other governments and then to influence their course of action in ways favorable to themselves. ... There are those who will say that trying to influence events or opinion in another country is immoral. But no one can deny that the first duty of any official personnel in another country is to increase the number and importance of the friends of their own country. ... We cannot face the coming years and the ever-growing threat without such capability. If we do, history may not forgive us.[140]

The fact that Walters liked people and liked to immerse himself in foreign cultures was essential to making him become an "absolute attaché."[141] Considering the sociability that marked Walters' career, Clarke Brintnall, who worked with him in Brazil, observed that:

> Soon after my arrival in Rio in July 1964, I began to realize how fortunate I was to serve under him. A tour with Vernon Walters in Mozambique would have been a great assignment. The fact that we were in Brazil was just frosting on the cake.
>
> One thing became apparent immediately — besides, of course, his intimate knowledge of Brazil and Brazilians — and that was that no one he met was beneath him. One-on-one, he could be as attentive to one of his drivers as he was to a chief of state. Young Captain Foreign Area Officers had no status in the Embassy, but he made sure that we were all brought into the full activities of the Army Attaché Office, soon thereafter the Defense Attaché Office, and that all of us received the benefit of his experience.

---

139 Walters, *Silent Missions*, p. 374.

140 Vernon A. Walters, "The Uses of Political and Propaganda Covert Action in the 1980s," in Roy Godson, ed. *Intelligence Requirements for the 1980s: Covert Action* (Washington: National Strategy Information Center, 1981), p. 115, 123, 124.

141 Shellum, p. 29.

Soon after I arrived he called one night asking if I had met the President, Castello Branco. When I told him I hadn't, he said, "Pete, come over to my apartment, he's here now."

He made very clear that as Foreign Area Officers we had to do more than just learn the language and about our host's armed forces; we also needed to learn the country's history, culture, economy and politics along with the language and things military.[142]

Brintnall confirms that Walters always sent acquaintances a greeting card on the occasion of a promotion, marriage, or any other such event. All his subordinates were devoted to him, and, as a result, his influence increased every year. He was very generous with his time and with his possessions. Several guests stayed at his apartment in Paris, at the U.S. United Nations Ambassador's accommodations in New York's Waldorf Towers, and at his other residences, whether he was present or not.

Major Clarke M. Brintnall plays road soccer with a youth during a trip with Vernon Walters on the new Brasília-Belem highway in 1965. In 2004, Brigadier General Brintnall (Ret.), spoke at the NDIC conference in honor of Walters' career, and contributed the Foreword to the present book.

O major Clarke M. Brintnall joga uma "pelada" entre jovens durante viagem com Vernon Walters na rodovia Belém-Brasília, em 1965. Em 2004, o general-de-brigada (na reserva) Brintnall foi um dos palestrantes na conferencia do NDIC em homenagem à carreira de Walters e contribuiu com o prefácio do presente livro.

---

142 Clarke Brintnall, *Vernon A. Walters: Pathfinder of the Intelligence Profession* (Washington: JMIC, 2004), p. 15.

When Brintnall and his Foreign Area Officer colleagues arrived to work at the Embassy in Rio, none of them had experience in the intelligence area. However, Walters took some time to teach them the fundamentals of information gathering and analysis. Therefore, in a short period, taking notes on trips or recording biographical data for future reports became natural behavior for the young officers.

Brintnall reports that during 1963 and 1964 in Rio, Walters was bombarded with an enormous number of rumors. Therefore, he had to separate fact from fiction. This was the case, for instance, when a source informed him that the Army was on alert and that a military coup was imminent. Walters sent Licínio, his driver, to go by a particular unit to observe their combat vehicles. If the tanks were parked in their garages without any abnormal activity around them, he would know that the rumor was only that.

In more difficult moments, Walters knew how to use his storytelling to tackle uncomfortable issues. The former diplomat Steven Monblatt, who worked with Walters in Brazil in 1966, remembers an episode from the 1980s, when he was based in Spain, and Walters was the U.S. Ambassador to the United Nations. U.S. defense policies were being severely criticized in Spain, mainly because of the U.S. plan to install medium-range missiles in the region. Walters, at a press conference for the Spanish press, said in perfect Spanish: "I worked for nine American presidents and I did something none of them did. I personally witnessed a nuclear explosion and I pray I never have to witness another one." Monblatt said that the Spanish were just as impressed as he was. After some time, however, thinking about those words, he concluded that there was no clear relationship between a nuclear explosion and U.S. defense policies. Walters was a master of rhetoric, and Monblatt compared this ability to a type of Chinese restaurant: "Very impressive and apparently satisfactory, but half an hour later you are hungry again and trying to remember what you ate."[143]

Veja Magazine also noticed Walter's adroit conversational ability:

> None of them [the several acquaintances he met during a visit to Brazil] had the impression of being asked about their particular opinion about a recent event. "As a matter of fact, this is a conversational technique that he employs brilliantly. Since he is quick-thinking and is evidently very well informed, he can present the question so that the interlocutor cannot notice its importance or his interest," as one of his old friends commented.[144]

143 Email interview granted to the author by Steven Monblatt, Apr 23, 2006.
144 "A rápida visita de 00-Walters," *Veja* Magazine, Dec 27, 1972, p. 22.

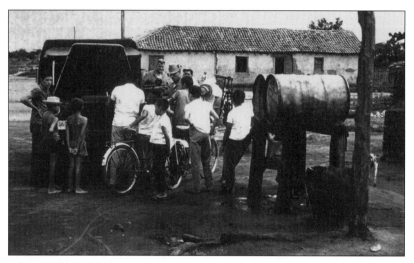

Walters and office companions getting mechanical assistance on the 1965 trip along the Brasília-Belem road. Walters is the tallest individual to the right of their vehicle.

Walters e outros oficiais recebem assistência mecânica durante viagem pela rodovia Belém-Brasília, em 1965. Walters é o indivíduo mais alto, à direita do veículo.

Regarding Walters' ability to maintain social relationships, Monblatt acknowledged that Walters' charisma, together with his linguistic talent, contributed to the fact that people would readily approach him. He knew how to combine the great affection he had always felt for Brazil with the pleasure he had when traveling and getting to know new places, at the same time that he performed the Military Attaché's chief task: reporting the military conditions of the host country.[145] Together with other U.S. and Brazilian officers, he traversed: the Amazon River (February 1964); the interior of Rio Grande do Sul (March 1964); roads from Rio de Janeiro to Iguaçu Falls by truck (June 1964); the entire stretch of the Belém-Brasília road by truck (January 1965); the São Francisco River by boat (October 1965); the interior of Mato Grosso (April 1966) by jeep; and by truck he went from Rio de Janeiro to Rio Branco in Acre (September 1966).

---

[145] Walters' penchant for exploration provides further evidence for the argument made by Carol Medlicott, "Interpreting National Security and Intelligence in Geographic Exploration: Explorers and Geographers in Americas's Early Republic," *Intelligence and National Security* 22, no. 3 (June 2007), 321-345. She suggests that "the intelligence field ought also to recognize geographical exploration as deeply implicated in Western national security discourse and as sharing an epistemological similarity with intelligence gathering." (p. 321).

Vernon Walters inspecting the roadway during his exploratory trip on the newly opened Belem-Brasília road, 1965.

Vernon Walters olhando a rodovia durante viagem exploratória na recém-inaugurada Belém-Brasília, em 1965.

On those trips he always visited military units and old FEB companions, all along the way adding new contacts to his already extensive list. The conditions were extreme since a lot of highways had not yet been paved and in some places he faced problems finding accommodations.[146]

---

146 Walters, *The Far Corners*, p. 1-123.

AWARD FOR THE COMBAT CROSS

Established by Decree-Law No. 6795 of 17 August 1944

THE PRESIDENT OF THE REPUBLIC OF THE UNITED STATES OF BRAZIL, in accordance with Decree of 8 May 1961, awards the COMBAT CROSS, 2nd Class, to COLONEL VERNON A. WALTERS of the United States Army. At that time, the then Major Vernon A. Walters, United States Army, assisted the Commanding General of the Brazilian Expeditionary Forces and was the Liaison Officer between this unit and the Fifth United States Army during the Italian Campaign. Colonel Walters was at all times close to the Brazilian Commander and gallantly endured heavy artillery fire aimed at the Advanced Headquarters. Intelligent, clever, brave, and with a thorough knowledge of the Portuguese language, Colonel Walters effected with keen judgement and loyalty, the liaison between the Brazilian Commander and the United States military commanders. During the arduous battle of Montese, he gave proof of his devotion to duty by taking the Commander of the Fourth United States Army to the Brazilian Commander through trails which were under heavy enemy fire, so as to advise the Brazilian Commander that the mission was completed and to cease fire. Because of his military qualities and his outstanding spirit of collaboration, he won the greatest respect and admiration from the Brazilian military personnel.

Rio de Janeiro, 12 May 1961.

140th Year of the Independence and 73rd Year of the Republic.

/s/   MARSHAL ODYLIO DENYS
/t/   MARSHAL ODYLIO DENYS
      Minister of War

CERTIFIED TRUE TRANSLATION:

CHELMER L. FLYNN
Major, AGC
Adjutant General

Citation for Combat Cross Awarded to Walters.

Diploma da Cruz de Combate Conferida a Walters.

His mix of talents and skills made Walters a "super attaché," whose accomplishments remind U.S. and Brazilian military officers of what their countries expect of them when they occupy a key position abroad. In Brazil, the criticism directed at Walters arose from the belief that he exceeded the limits expected of a military attaché. Whenever he was confronted about this, he would answer: "I was … a well-informed attaché."[147]

"You Are a Legend in This Country"

Vernon Walters' name is inseparably linked to Brazil, whether through his long friendship with Brazil and the Brazilians, reinforced by his direct participation with the Brazilian Expeditionary Force, or due to the controversy surrounding his participation in the events of 1964. Vernon Walters became a legend in Brazil, and according to Leonel Brizola, former President João Goulart's brother-in-law, he one day said as much directly to Walters.

On May 7, 1986, when, as U.S. Ambassador to the UN, Walters came to Brazil to participate in, among other things, the celebration of the Allied victory in World War II, he paid a courtesy visit to Brizola, Governor of the State of Rio de Janeiro at that time. When receiving the American in the *Palácio das Laranjeiras,* Brizola commented: "You are a legend in this Country." Walters answered: "Yes, Governor, but — similarly to what is happening to you — not everything they say about me is true."[148]

The fact is that throughout the years, Walters kept abreast of the facts and rumors regarding his participation in the military movement of 1964. He managed to maintain good will and dignity, even when he encountered an aggressive rejection of his presence in Brazil, as he did earlier in the day on May 7, 1986, before visiting Brizola.

Walters had given a speech at the Naval Warfare School to an audience that included the head of Brazilian Naval Operations, about 20 admirals, and students. At the end of the speech, for about one hour, he answered questions on various topics. After that, he gave a luncheon address at the Hotel Glória for guests of the American Chamber of Commerce. During the luncheon, someone told Walters of a group of demonstrators in front of the hotel and that he should leave the building through the back door. Walters refused, saying: "I will absolutely not leave the building through the back door, with or without demonstrators." He left the hotel through the front door, where 25 to 30 demonstrators were yelling: "Murderer, murderer." As he moved toward his car, the demonstrators threw two eggs at him. One egg hit the windshield of his vehicle and the other hit his assistant, Fred Negen, who was not hurt. The scene featured as many policemen as demonstrators.[149]

---

147 Walters, *Across the World*, p. 10.

148 Walters, *Across the World*, p. 233.

149 Walters, *Across the World*, p. 233.

In his meeting with Brizola, Walters asked that the young demonstrators not be punished, and that those already arrested be released. He commented that, when he was 18 years old, he would also have thrown eggs if he had had the chance. Brizola promised to follow his wishes.

When he left the Governor's office, the *Palácio das Laranjeiras*, the press wanted to know Walters' opinion regarding what happened to him outside the Hotel Glória. They asked him how he felt about it. Walters declared that it had been one of the most humiliating experiences in his entire life. He recounts his explanation to the breathless reporters:

> ... for twenty years the Brazilian media had accused me of having some part in the 1964 revolution. Now, twenty years later, there was a demonstration against me, and this was the really humiliating part: only some thirty demonstrators had shown up; they threw two eggs at me, both missed, and neither were rotten, truly a humiliating experience.[150]

According to Walters, even Governor Brizola laughed at the press's clear disappointment.

After participating in the Victory Day celebration in Rio, Walters traveled to São Paulo. As the airplane was about to land at Congonhas Airport, an anonymous phone call informed authorities that a bomb would explode at the airport during Walters' arrival. The Federal Police searched the entire airport, but nothing was found. Walters was informed and a press conference in which he was to participate at the airport was canceled. Moreover, members of the Socialist Youths' Union, the Communist Party of Brazil, and syndicalists were preparing a new demonstration. As Walters left the airport through the hangar of an airline company, the demonstrators did not use the eggs they had brought in their bags. The demonstration was limited to impassioned speeches and a protest march with posters and signs against Walters' presence, such as: "Get out, murderer," "Get your hands off Nicaragua," and "Quit imperialism." A demonstrator told the press that "Walters represents the exploitation of Brazil's people and its wealth."[151]

In São Paulo, Walters was welcomed by Governor Franco Montoro and the Commander of the Second Army at the *Palácio dos Bandeirantes*. On the following day, he traveled to Brasília, where he met Ulysses Guimarães, the Interim President of Brazil.

---

150 Walters, Across the World, p. 234.

151 "'Bomba' obriga Walters a suspender entrevista," *O Estado de São Paulo*, May 9, 1986.

This was the first trip Walters had made to Brazil since the military regime had come to an end in 1984. These were five very significant days in terms of how they revealed Walters' connections to Brazil. He spoke at the Naval Warfare School; he met old friends from the FEB with whom he celebrated Victory in Europe (V-E) Day; he paraded with veterans past the monument to soldiers killed in Italy (*Monumento Nacional aos Mortos na Segunda Guerra Mundial*) and he was again honored by them. Soon thereafter, he was the guest of honor at a luncheon offered to the veterans by the Minister of the Army, Leônidas Pires Gonçalves, at the *Palácio Duque de Caxias*. He was the target of much hostility both in Rio and in São Paulo, because his image was tied to the military government and because, to the consternation of protestors, many civil and military authorities welcomed him.

All of those events received broad coverage in the Brazilian press. *Veja* best analyzed the meaning of the trip, from the point of view of Walters' connections to Brazil. After defining Walters' style as being "hard as a General, soft as a diplomat, and alert as an intelligence officer," the Magazine concluded that

> At least one certainty about Walters will live on: The myths surrounding his military interference in Brazil are finished. Maybe it has been due to protocol, since he is here today as Ambassador to the UN, but the fact is that, out of his many visits, this one, which was organized by the civil leadership, afforded him the highest respect and public honors.[152]

The legend surrounding Walters' name in Brazil produced a curious phenomenon on the music scene. In 1992, a rock band was formed in Porto Alegre with the name "Vernon Walters." The only explanation for the choice of the band's name on the band's Web page is "Vernon Walters is the former CIA director."[153]

According to General Carlos de Meira Mattos, one of his closest Brazilian friends, Walters liked Brazilian music a lot. When Meira Mattos visited Walters in Rome, he verified that all the recordings and pictures on his apartment walls were of Brazilian musicians and painters.[154] It is unknown if Walters became aware of the "honor" rendered to him by the gaúcha band, but, judging from

---

152 "Um perfeito mudo," (A Perfect Mute) *Veja* Magazine, May 14, 1986, p. 37.

153 *http://www.protons.com.br/vernonwalters/*, Accessed Jul 19, 2007.

154 Interview granted to the author by General Meira Mattos, May 18, 2006.

the lyrics of their song "Buy in Christmas," the diplomat may have been inter- erted but would not have knowingly lent his name to this group.[155]

As early as 1966, a significant honor was rendered to Walters in Brazil. On February 15 of that year, *O Globo* published an article entitled "Vernon Walters, Brazil's devoted friend":

> A tall blond man entered a store in downtown Rio de Janeiro. The manager of the commercial house, noticing his foreign appearance, asked him in English:
>
> - May I help you, Sir?
>
> - What's up? Why do you attend to customers in a foreign language? — the customer answered, in perfect Brazilian Portuguese, surprising the merchant.
>
> In fact he was a foreigner, but, as he was so familiar with Brazilian customs, he could hardly be thought of as being from another country. This scene, attributed to the Military Attaché of the Embassy of the United States in Brazil, General Vernon A. Walters, was reported at the time in *O Globo*.
>
> Having worked during World War II as Liaison Officer in the Brazilian Expeditionary Force (General Walters is the only foreigner honored with the FEB's Combat Cross), he learned our intonation with impressive perfection. He knows our language in depth, because he is a language specialist. In addition to Portuguese, he also speaks Spanish, French, Italian, German, Dutch, and Russian with great self-confidence.

In this article, Walters explains that the first Brazilian he knew was the inventor and aviator Santos Dumont, when the American was still a child in

---

155 Lyrics of the song "Buy in Christmas", from the band Vernon Walters: "Another Blast! Conquer enemy civilizations! Prepare yourself for a new way of world domination! It is a new toy, a violent North American strategic war game. It is an honor to be part of the leadership of the world. Destroy the enemies; explode the underworlds. This Christmas everyone wishes to see empty shelves in the stores. The fashion toy is a supremacy lesson. Everyone buys with the comprehension that it helps the system combat recession. Kill! Destroy! The Stock Markets in New York and their pathetic suicides; the countries are markets, the people, statistics. The entire world a prisoner of a consumer web; eat, drink, smoke, read, use, dress, watch, watch, watch, watch. Buy in Christmas, or the world economy will collapse. All these crowning glories. Expand your glorious empire! Unfortunately your neighbors have other plans. A country dictating to the world its style of life, financing elections, governing in partnership. The truth is controlled truth, the lie is the media. Millenary cultures or MasterCard Visas. There are some countries against the "real democracy." Bombed, boycotted with a clean conscience. Proliferating new technologies. Is it the reason so many scientists are engaged? Kill! Destroy!"

Europe. Through his liaison assignment with the FEB, he became more and more interested in Brazil and in the Portuguese language, becoming "entirely Brazilian" and affirming:

> I have a sincere and intense admiration for the Brazilians. Some of the best years of my life I spent in Brazil and I feel as good in Brazil as in my country. But the best memories I have of the Brazilians are the experiences that we had together during the campaign in Italy. The companionship, the jovial spirit, and the human solidarity of these people were fully demonstrated in those days, in good and in bad moments. I remain with particular affection for the image I have of Mascarenhas de Moraes, the remarkable FEB commander, for being an authentic human being and for his ability in military command.

The *O Globo* story concludes:

> General Vernon A. Walters, for his multiple achievements for our country and our city, as well as for his engagement in forging cooperation between two friendly countries — Brazil and the United States — was chosen by *O Globo* as one of the honorary *cariocas* of 1966.[156]

Despite that favorable article, it is apparent that the Brazilian press, in general, was against him.

On March 12, 1980, journalist Elio Gaspari contributed a *Veja* Magazine article titled "The Amnesia of the General," in which he writes that "Vernon Walters, the American attaché in Rio in 1964, has been everywhere, but he doesn't talk about it." He continues: "The American General Vernon Walters doesn't like caviar; he is unable to differentiate vodka from drugstore alcohol, he didn't have women in his whole life and he dresses like a scarecrow. Nevertheless, he did things that not even James Bond could dream of." For examples, he refers to episodes described in Walters' autobiography, *Silent Missions*: the secret transfer of Kissinger from an airport in Germany to France in 1970; the clandestine meetings with the Chinese in Paris between 1969 and 1971; and the times Walters went to apartments of Brazilian generals in Rio in 1963.

Gaspari also mentions polyglot Walters' work as interpreter for various presidents, his work as military attaché in Italy, in Brazil, and in France, his appointment as Deputy Director of the CIA, and his crucial role in the Watergate case. Some sarcasm also surfaces when the journalist mentions that

---

156 "Vernon Walters, amigo devotado do Brasil," *O Globo*, Rio de Janeiro, Feb 15, 1966.

Walters, "present in so many good stories," would have the information to write great memoirs, but he had decided to obey the regulations and reveal only what he was allowed to. For Gaspari, the book *Silent Missions*, which had just been published in Brazil, "is, in short, the story of some unconfirmed episodes and exemplary, political divagations from American conservative thought."

Gaspari goes on to describe the personal friendship between Walters and almost all of the FEB's officers, which brings him to observe that:

> (He) was present in Brazilian military circles, and in the con-
> spiracy against Goulart, just like a fish in the water. He was at
> Castello's house on the night of March 13 (1964), when President
> João Goulart gave a speech in front of the central railroad station
> and, later, he was at the apartment of another General who stored
> weapons when they received the news that the police would ar-
> rive in a few minutes. In a moment of cold-blooded professional
> conviction, Walters stayed. The police did not come.

The article proceeds with an ironic undertone until concluding that the nature of Walters' participation in the military movement of 1964 in Brazil did not really matter; in any case he was wrong:

> His narrative on that period, however, is poor. He insinuates
> that in some moments he was very close to the conspirators, but
> he refuses to confess further secret details, above all since it is
> known that the American Embassy received at least two requests
> for helping the military coup. Walters swears he ignored the exis-
> tence of any military operations on the Brazilian coast in the first
> days of April 1964. The documents at the Lyndon Johnson Li-
> brary prove that the White House sent material aid for the allies
> of Santos, led by a carrier and tanker full of fuel, in addition to
> weapons, which contradicts Walters' narrative. Either he knows
> (and does not tell), or worse, he doesn't really know. And, if he
> really didn't know, then we should be asking why American tax-
> payers want to cover the expense of having attachés abroad.[157]

Veja magazine had published eight years earlier a less polemical article about the period of Walters' activity in Brazil. It appeared in 1972, when Walters visited Brazil, but also when he occupied the second highest position in the CIA, which explains the title of the article: "00-Walters' Quick Visit." The explanation given to the press by the American Embassy was that the visit was private. Walters was fond of the subway systems and he would take advantage of his stay in the country to visit the systems of São Paulo and Rio. The Brazil-

---

[157] Elio Gaspari, "A amnésia do general," *Veja*, Mar 12, 1980.

ian press was agitated, because in the view of journalists, the visitor was more likely to be in the country to carry out the undercover side of intelligence than to explore the transportation system.[158] After mentioning his discreet arrival in Rio and the maneuvers to avoid the press in Brasília and São Paulo, the magazine indicated that Walters' actions in Brazil, with regard to the military movement of 1964, are based on hypothesis or prejudices rather than on concrete facts:

> Even while being watched and subjected to the accusation of having planned the fall of Goulart, Walters was never involved in an indiscretion or any episode where one could say he had crossed the line as an attaché. Taking into account that some of the officers punished by the Revolution could be interested in publishing information that could harm his image, the absence of anecdotal accusations is good evidence of the Colonel's military abstinence. Today, his participation in the Revolution continues to be a mystery fed much more by prejudice than by facts.[159]

Every time Walters visited Brazil, new articles — more or less incisive, rarely impartial, and never complimentary — were published by the press. In spite of that, Walters maintained until the end of his life that he was just a privileged observer of the facts and that he by no means stretched his mandate as Military Attaché:

> I was the Military Attaché, and I did not influence any conspiracy. I was a very well informed witness, but not a participant. Personally, I was very concerned about President João Goulart's assembly on March 13, 1964, in Rio de Janeiro, with red flags raised. ... I was a foreigner, and I lived in Brazil for some years. ... I had the right to observe, but not to participate.[160]

Brazilian historian Moniz Bandeira asserts that Walters played a more active role in the event. In his view, Walters not only coordinated the activities of the CIA in the country, but he participated directly in the planning of the military coup:

> The government of Goulart knew, through reports by the National Security Council, that Colonel Vernon Walters, Military Attaché

---

158 For more information on Walters' affection for subway systems, see Frank Marcio Oliveira, "Vernon Walters: Gosto pelo subterrâneo," *Revista Brasileira de Inteligencia*, 1 (2005), p. 45-51.

159 "A rápida visita de 00-Walters," *Veja*, Dec 27, 1972.

160 Hélio Contreiras, "Pinochet é injustiçado," Interview of Walters by Isto É On line Magazine, no. 1644. São Paulo, Dec 20, 2000. Available at: *http://www.terra.com.br/ istoe/1644/1644vermelhas.htm.*

of the Embassy of the United States, coordinated the activities of the CIA, including direct involvement in the smuggling of weapons, with the collaboration of some Brazilians, among others policeman Cecil Borer and the businessman Alberto Byington Jr. And he did not take the investigations further, maybe not to break with Washington or because Walters maintained intimate connections with many Brazilian officers, among others the Army Chief of Staff, General Castello Branco. Goulart's decision allowed the conspiracy to spread within the Armed Forces, with the Senior War College, better known as Sorbonne, as an axis. Its ideologists, Walters' friends, engaged in the anti-Communism typical of the Cold War, which had changed in orientation away from the inevitability of nuclear confrontation to the doctrine of a counter-revolutionary fight, always in line with the Pentagon.[161]

The Post-1930 Brazilian Biographical-Historical Dictionary, published by the Getúlio Vargas Foundation, recounts Walters' participation in the 1964 government takeover by Brazil's military leaders:

> Walters kept Washington informed about the developments in the country during that period, using, to accomplish that mission, his personal connections with several Brazilian officers who had fought in Italy, such as Generals Castello Branco and Osvaldo Cordeiro de Farias.

> In March 1964 he cooperated actively with the political-military movement for João Goulart's deposition. On March 23, he communicated to Ambassador Lincoln Gordon that General Castello Branco, at that time the Commander of the Army Chief of Staff, had assumed the active leadership of the conspiracy against the federal government.

> On that occasion, Walters, Gordon, and other members of the Embassy elaborated two contingency plans to be used by the USA in favor of the rebels in case of a civil war. The first plan, which aimed at the supply of oil to the rebels, met the demand formulated by General Cordeiro de Farias to Walters. The second plan foresaw the dispatch of one North American carrier to the Brazilian coast in a symbolic demonstration of military power.

> According to Phyllis Parker, Walters recommended that they make no plans for the deployment of troops to Brazil, and he

---

161 Moniz Bandeira, *Presença dos Estados Unidos no Brasil: dois séculos de história,* 2. ed. (Rio de Janeiro: Civilização Brasileira, 1978), p. 460.

interrupted the visits that he otherewise made daily to Castello Branco in order to avoid what could be interpreted as North American management in the development of the conspiracy. On March 31, after the movement against Goulart began, the American government sent the carrier *Forrestal* and support destroyers in the direction of Brazilian waters, beginning the so-called Operation Brother Sam. Still on the 31st, Walters knew, through General Lima Brayner, that General Amauri Kruel, commander of the II Army, headquartered in São Paulo, had decided to support the rebellious movement. With the fall of Goulart on April 2, the ostensible military support by the U.S. became unnecessary. Walters remained as Military Attaché in Brazil until 1967, due to his long experience in political aspects of the country and his friendships with several new government officials, including President Castello Branco (1964-1967).

He left Brazil with the rank of General in 1967 and he went on to serve in Vietnam with the American troops that supported the government of Saigon in the war against North Vietnam and the guerrilla forces of the Vietcong in the South.[162]

One week before his death, on his last visit to Brazil, Walters granted an interview to the Brazilian journalist Geneton Moraes Neto. The title of the interview was especially meaningful, considering the opinion some Brazilians have about the connections between Walters and Brazil: "The name: Vernon Walters. But you may call him devil, fiend, demon." The journalist wrote:

If proper names could be translated, what would be the meaning of Vernon Walters' name? Those who are opposed to the 1964 military coup would immediately respond: "Vernon Walters stands for something bad: the devil, the fiend, the ghoul, the imp, the incubus. In a word: the Devil."[163]

On that last trip to Brazil, the friend Walters visited was Marshall Waldemar Levy Cardoso,[164] whom he had known since the time of the Brazilian Expeditionary Force. Marshall Cardoso referred to the affection and esteem that Walters had for Brazil and with the Brazilians. In that last meeting, Walters

---

162 GETÚLIO VARGAS FOUNDATION, *Dicionário histórico - biográfico brasileiro pós –[19]30*, Five Vols. (Rio de Janeiro: Ed. Fundação Getulio Vargas, 2001).

163 Geneton Moraes Neto, "O nome: Vernon Walters. Mas podem chamá-lo de capeta, diacho, mequetrefe," Mar 28, 2002. Available at: http://www.geneton.com.br/archives/000045.html.

164 Interview granted to the author by Marshall Levy Cardoso, Apr 25, 2006.

insisted on repeating from memory, as he always did, Juscelino Kubitschek's famous sentence:

> From this central plateau, from this solitude that will shortly be transformed into the the center of national decision making, I set my eyes once again on the future of my country and I foresee this dawn, with unbreakable faith and unlimited trust in its great destiny.[165]

A Successor

The professionalization of the military attaché system was one of Walters' greatest concerns. Walters recognized the need to employ only the most qualified personnel in the system, so that his country would be well represented abroad. In a 1983 interview, Walters declared:

> One of the interesting things that has developed over the years that I covered, and I covered a long time, has been the increase of professional competence in the Attaché system. When I first came into the Attaché system it was right after World War II and frankly they were looking to the Attaché system as a place to put senior officers that they wanted to not lose their rank or something and the Attaché System was largely a recipient of officers who might have been very competent in other fields, but really had no specific qualifications to be Attaches. But it was somewhat deleterious to the Attaché System and the people in the embassies and so forth didn't take them terribly seriously. They thought that the Attaché job was some kind of a reward and really not a job to be done.
>
> Over the years, I have watched the selection of officers who have some specific qualification, whether it be linguistic or personal contact with people in that country, or some other reason why they are there. And furthermore, when I first came into the Attaché system, [for] most Attaches it was their last job and they didn't go anywhere from there. Now, I understand, there is quite a different situation and many of the Attaches go on to very senior and important jobs. Moreover, at the time when I entered the system, for most of the attaches it was their last function. If the host country believes that the attaché is on his last assignment, they really aren't going to spend much time with him.

---

165 This statement is inscribed on the Three Powers Square (Praça dos Três Poderes) in Brasília.

So I think the question of going on and promotion for an Attaché is a terribly important one to ensure not just the morale but the effectiveness of the Attaché system.[166]

With that concern in mind, Walters prepared an officer to replace him in Brazil.

In 1945, Walters attended a reception in the Brazilian Embassy in Washington and there met an American officer, a son of Portuguese parents. He was Lieutenant Arthur Moura,[167] who had graduated from Fort Benning, the same post where Walters had trained. Moura was a specialist in Latin America for the Pentagon and, during the Eisenhower administration, served the White House Press Secretary as Portuguese and Spanish interpreter.

Moura and Walters did not get to work together, but they often met and exchanged mail based on their connections with Latin America. In September 1964, Moura undertook a trip to Rio, and Walters invited him to go to Brasília for a visit with President Castello Branco.

In 1967, Moura was a Lieutenant Colonel and Walters was preparing to leave Brazil. Walters asked Moura if he would agree to replace him in the Attaché position. Moura promptly accepted the invitation, and Walters then recommended Moura for the post and suggested a condition to his superiors in Washington: the position should not be occupied by a lieutenant colonel. When Moura proceeded to Brazil he was promoted to colonel.

Moura arrived in Rio with his family, and Walters offered him the apartment he rented on Avenida Vieira Souto in Ipanema. In addition to the apartment, Walters also arranged for the maid, Elsie, and the apartment's furniture to remain in place for Moura. He did ask a favor of Moura: to take care of his cat, *Snowball*, for a while. Walters sold the car he owned, and donated the money to the Association of Privates of the Brazilian Expeditionary Force.

Even more important than the material help extended to Moura as he settled down with his family in Brazil, Walters introduced him to his own contacts and gave advice on how to maintain good relations with other officials in the U.S. Embassy. Walters stressed the importance of one thing in particular: "Maintain a low profile, and stay close to the Ambassador." Walters' intention was to alert his friend not to garner attention for himself and thereby overshadow the contributions of the Ambassador.

---

166 Walters interview, recorded at the U.S. Defense Intelligence Agency on Sep 21, 1983, and reproduced in Vernon A. Walters, *Pathfinder of the Intelligence Profession*, p.14.

167 Interview granted to the author by General Moura, Dec 15, 2007.

Colonel Vernon Walters, interpreter for President Eisenhower, and Major Arthur Moura, interpreter for press secretary James Hagerty, compare notes at the U.S. Embassy in Paris, May 1960. The President was in Paris for an East-West Summit with Soviet Premier Nikita Khrushchev, and stopped in Lisbon before returning to Washington. The Paris Summit ended prematurely when Eisenhower refused to apologize for U-2 reconnaissance flights over the Soviet Union. A U-2 flown by Francis Gary Powers had been shot down by the Soviets on the first day of May, 1960. Photo courtesy of Arthur Moura.

O coronel Vernon Walters, intérprete do presidente Eisenhower, e o major Arthur Moura, intérprete do secretário de Imprensa James Hagerty, comparam notas na embaixada dos EUA em Paris, em maio de 1960. O presidente esteve em Paris para a Cúpula Leste-Oeste com o premiê soviético Nikita Khrushchev e parou em Lisboa antes de voltar a Washington. A Cúpula de Paris terminou prematuramente quando Eisenhower se recusou a pedir desculpas pelos vôos de reconhecimento dos U-2. Um U-2, pilotado por Francis Gary Powers, foi abatido pelos soviéticos em 1º de maio de 1960. Foto cortesia de Arthur Moura.

Moura confirmed that some time later, Walters sent him a check so that he could buy a first-class ticket on a ship for Elsie to return to Barbados, where she was born, and to send *Snowball* to Paris. When Walters wrote to communicate that the cat had arrived safely, he added the following note: "Arthur, your star is guaranteed." From Paris, Walters was working, once again, for his friend's promotion. General Moura remained as Attaché in Brazil from 1967 to 1975.

On February 9, 2002, Walters called Moura and spoke about the trip he had just taken to Brazil, but complained of a cold. On the following day, Walters confided to his nephew Peter Adams that he wasn't feeling well and asked to be taken to the hospital. As he was being examined by the doctor, Walters had a fatal heart attack and died.[168]

Now, General Arthur Moura lives with his family in Pittsboro, North Carolina, where he is writing his memoirs. The last chapter of the book will be entitled, "Tribute to My Hero, My Mentor, My Friend ..." in which he will honor "Dick"[169] Walters:

> I didn't realize that would be our last contact, when he called me from Palm Beach, in the early afternoon of February 9, 2002.
>
> Dick had just returned from one of his journeys, where he gave lectures throughout South America and commented on the situation in Argentina and about the large number of mutual friends we have in Brazil — a country that we both love and that was a vital link in our nearly 57-year friendship. In that last talk, at the age of 85 years, his language and mind were sharper than ever. He had a quite good spirit, was optimistic, and provocative.
>
> His funeral was at Arlington National Cemetery on a nice, clear March 5. In addition to the 208 mourners seated in the "Old Chapel" of Fort Myer, approximately 90 people stood to honor Dick. I was part of a select group of close friends at the handles of the coffin.
>
> Dick's Catholic faith was emphasized by the main speaker, Archbishop Edwin O'Brien, assisted by two Army chaplains, one of whom was Major General Gunhus, the head chaplain of the Army.

---

168 Interview granted to the author by Peter Adams, Dec 17, 2007.

169 According to Moura, Walters' nickname was Dick because, when he was a boy in New York, Walters waited every day for the passage of a boat called "Moby Dick", which navigated the Hudson River. When the boat passed, he screamed for his mother: "Mom, Dick, look at the Dick." Consequently, his family started to call him Dick and, later, his closest friends only used his nickname.

Former Secretary of State Henry Kissinger and Alexander Haig were present, as well as the American Ambassador to the United Nations, John D. Negroponte. Other dignitaries were Ambassadors Lincoln Gordon, Frank Ortiz, Daniel O'Donahue, Patricia Byrne, Christopher Roos and Stephen Low. Four officers of the Brazilian Army, including a general, wore their uniform to say good-bye to a man who offered innumerable services to their country. On the previous day, Dick's love for Brazil was evident, even in death, when a beret used by the Brazilian Expeditionary Force in World War II was placed on the coffin by its veterans, along with a baton of command that had belonged to a Brazilian general.[170]

In the March 1989 edition of VFW Magazine, James K. Anderson wrote:

> If a definitive history of the last half of the 20th Century is ever written chances are that the role played by the retired Army Lt. Gen. Vernon A. Walters in shaping events will loom large in the account.[171]

Over many years, Walters demonstrated his enduring concern for the value and the health of the military attaché system. His concern about the image and profile of attaches was demonstrated by the close attention he gave to his successor in Brasilia. Clearly, in a globalized world, attaches now more than ever work at the conjunction of military, diplomatic, economic and purely information sources of power. A fitting outcome growing from his long-term concerns, and from his fidelity to high principles, would be for skilled individuals from the military, diplomatic and civil services of a variety of countries, who participate in today's multilaterial peace operations around the world, to — like Walters himself — learn languages, be astute observers, and take advantage of opportunities to work with leading political figures as supremely well-informed advisors.

"A Strong Influence on My Life"

Walters declared that Brazil and the Brazilians exerted a "profound influence" on his life.[172] Analyzing his professional career, which at times even altered the course of history, how can we understand the influence Brazil and

---

170 Unpublished Moura manuscript, shared with the author on Dec 15, 2007.

171 James K. Anderson, "U.S. Prestige Rising: A Lifetime of Service: Soldier, Diplomat, Patriot; General Walters Is All of These," VFW Magazine, March 1989, p. 2.

172 Walters, Silent Missions, p. 68.

the Brazilians had upon Vernon Walters, apart from the affection he visibly felt for the country, for its people, its language, and its culture?

Considering that Walters worked in Brazil on various assignments, completing different missions, one could assess which assignment might have been the most important influence on his life. Two of those periods had special prominence: the liaison work with the Brazilian Expeditionary Force and the period when he acted as Military Attaché, between 1962 and 1967.

During the war In Italy, Walters established friendships with FEB officers who would later play leading roles in Brazil itself. More than just establishing those connections, Walters had a great ability to cultivate and maintain them throughout the years. Those friendships were central to Walters' becoming a legend in Brazil, as he learned to combine comfortable military ties with diplomatic skills and a remarkable ability to make his judgments meaningful and helpful to political leaders at the highest level.

Starting with Brazil in the 1960s, Walters managed to change the trajectory of his professional career. In 1965 in Brazil, he was promoted to Brigadier General, and, after serving for a short period of time in Vietnam, he was transferred to the Embassy in Paris, where he was Defense Attaché. Subsequently, he served as Deputy Director of the CIA, as Ambassador-at-Large, and as U.S. Ambassador to the UN and to Germany. As presidential Ambassador-at-Large, he roamed the entire world, totally engrossed in exploring the world through the perspective of his long-standing personal contacts. His exploration now extended beyond Brazil to the whole world — beyond the expeditions of the 1960s when he explored the vast spaces of Brazil in the company of office colleagues and of a constantly expanding network of friends in the field, to conducting official visits with innumerable, national leaders and often, reconnoitering their landscape.[173]

The period when Walters acted as Attaché in Brazil was when the country exercised the strongest influence on his life. That time period in Brazil represents a transformation in his professional career, as he became more than an interpreter for others, a talented co-worker, or a privileged witness of the facts. He had begun to be a main player himself, influencing and shaping events. We see that particularly in his notable interactions with Ambassador Lincoln

---

[173] Walters recounts many of these episodes during his years in Brazil and elsewhere in his unpublished book *The Far Corners*. The missions he undertook as Ambassador-at-Large in the service of U.S. President Reagan (1981-1987) are recorded in another unpublished work titled *Across the World*. The two documents are in the Walters Collection at NDIC.

Gordon during the decisive events of March and April 1964, as revealed in the messages exchanged between Rio de Janeiro and Washington.

If Walters' career had ended in Brazil in 1967, he would be remembered in history as a talented interpreter, a remarkable secretary, and assistant to dignitaries who were shaping history at that point. For example, former Secretary of State Dean Acheson refers to him only as "the interpreter" in the room with Acheson, Averell Harriman and Mohammed Mossadegh, during negotiations in Tehran in 1951.[174] That is the way Walters was known prior to his years as Attaché in Brazil. President Eisenhower attested that Walters was "one of the most brilliant interpreters I have ever known. ... [H]e was completely at home in six or seven ... languages, and when he was using any one of them he seemed unconsciously to adopt the mannerisms of the people of that particular country."[175]

However, with his second Brazilian assignment as a launching platform, Walters rose to become a world-class "eminence grise" and exponent of "soft power," especially in the presidential administrations of Richard Nixon and Ronald Reagan, although an understanding of his service in that respect still depends on an interpolation of his published and unpublished manuscripts. This is the context that has prompted notable world leaders to reflect on his uncommon gifts. Nixon considered Walters "one of the world's most skilled interpreters," and in a memoir, Nixon called Walters a "top-drawer strategic thinker."[176] His interactions with President Reagan are hinted at in the unpublished manuscript *Across the World*, but as usual, Walters remains reticent about his detailed interactions with U.S. and most foreign principals.

His ability to predict change impressed his friends. As Ambassador in Germany, Walters voiced the assessment that the Berlin Wall would fall and that reunification of the country would take place, at least a year prior to those events.[177] The effect of this public estimate was lost on most observers, except for the Germans themselves.[178] This episode epitomizes his transformation from observer to shaper of events.

---

174 Dean Acheson, *Present at the Creation* (New York: W.W. Norton, 1987), p. 504 and index.

175 Dwight D. Eisenhower, *Mandate for Change: The White House Years, 1953-1956* (Garden City, New York: Doubleday and Company, 1963), p. 514.

176 Richard Nixon, *In the Arena: A Memoir of Victory, Defeat, and Renewal* (New York: Simon and Schuster, 1990, p. 151.

177 General Alexander M. Haig, Jr. "Eulogy for Lieutenant General Vernon A. Walters, Arlington Cemetery, March 5, 2002," in *Vernon A Walters: Pathfinder of the Intelligence Profession* (Washington, JMIC, 2004), p. 81.

178 Fletcher M. Burton, "Appreciation: From Boswell to Johnson — Vernon A. Walker," *Foreign Service Journal* 80 (June 2003), 60-61.

Comparing Walters once again with Henry Kissinger: whereas Kissinger identified himself and conducted himself as an "outsider" from his youth and arguably through his career, Walters cultivated his "insideness," particularly with Brazilians. If we were to further compare the role of these two individuals as leading protagonists in the American "empire's" struggle for survival during the Cold War, Walters is the one who stands out as the more successful "interpreter" of political leaders and states on the periphery of that empire.[179] As developed by Kelley, in his assessment of strategic intelligence practices among various historical empires, and the implications for the U.S., a most difficult problem for any empire's would-be "missionaries" or information collectors is the challenge of standing up under severe tests of "physical and psychological identity" in the field.[180] By all accounts, Walters' weathered even his most difficult assignments with steadfast good humor.

Few people in the U.S. noticed the pattern change in Walters' career as clearly as former Secretary of State Alexander Haig, who, when saying goodbye to his friend at Arlington National Cemetery, referred to the two main phases of Walters' professional career: "Both an observer and someone who shaped history."[181] Brazil, especially during the early 1960s, exerted deep influence on General Vernon Walters' life as the launching pad for the dramatic change that made him a shaper of history.

An Extraordinary Attaché

The principal objective of the present research was to identify the meaningful influence Brazil had upon Vernon Walters' life. When considering that his professional career can be visualized in two main phases — first as unrivaled interpreter for important people of his time, and secondly as someone who molded history — Brazil stands out for being the pre-eminent stage for each of those phases. Even more relevant, Vernon Walters' relationships with Brazil peaked in the middle of the 1960s, during an important period for modern Brazil. In this place and time, Walters learned a multidisciplinary craft and underwent the changes that made him a significant world figure.

Engaging in the debate about the degree of influence of the United States in the military movement of 1964 was not the objective of this research, but

---

179 See Suri, op. cit., on Kissinger and Walters' *The Mighty and the Meek* and *Across the World* for some details of his interactions with world leaders and with ordinary citizens of dozens of countries.

180 Patrick Kelley, *Imperial Secrets: Remapping the Mind of Empire* (Washington: NDIC Press, 2008), p. 131. Available at *http://www.ndic.edu/press/12053.htm*.

181 Burton, p. 61.

whatever influence there was, the role carried out by Walters was not one of a mere privileged observer of the facts. His skills, charisma, contacts, and self-confidence, both when acting in the military field and in diplomatic circles, transformed him into an inspiring character in Brazil.

As the story of Vernon Walters demonstrates, some individuals can succeed without the highest levels of formal education. But they do need to hone special skills and, like Walters, have great respect for the value of formal, as well as on-the-job education.

Although it remains unclear whether Walters went beyond the mandate of a Military Attaché as he carried out his responsibilities on the ground in Brazil — and it is becoming more difficult to identify the actual role he played in 1964 — his name will remain linked to Brazil in light of both facts and rumors. Depending on the points of view of friends or enemies, Vernon Walters will continue to be seen as the "protective angel of the coup d'état"[182] or the "devoted friend of Brazil."[183]

Walters at school in England. He is the second from the right in the back row.

Walters na escola, na Inglaterra. Ele é o segundo a partir da direita, na fila do fundo.

---

182 Paulo Sérgio Pinheiro, "Alerta — Walters atraca," (Warning – Walters Returns) *Folha de São Paulo*, May 6, 1986.

183 "Vernon Walters, amigo devotado do Brasil," *O Globo*, Feb 15, 1966.

Introdução: O poder do contexto

"Somos na verdade muitíssimo influenciados pelo meio em que vive-mos, o nosso contexto imediato, e pela personalidade das pessoas que nos cercam." (Gladwell)[1]

Vernon Anthony Walters nasceu em Nova York, no dia 3 de janeiro de 1917, durante a Primeira Guerra Mundial. Naquele mesmo ano ocorreu a Revolução Russa, que abriu caminho para a implantação do Comunismo, ideologia a que Walters se opôs ao longo de toda a sua trajetória profissional.

Em 1941, poucos meses antes do ataque japonês a Pearl Harbor, Walters ingressou no Exército e participou ativamente da Segunda Guerra Mundial. Ao longo da carreira, ele atuou, ainda, nas guerras da Coréia e do Vietnam e testemunhou conflitos na Grécia, no Paraguai, no Chade e na Colômbia.[2]

Ele era o embaixador na Alemanha, em 1989, quando caiu o muro de Ber-lim, e, ao se retirar em definitivo do serviço público, em 1991, a União Soviética desintegrava-se. Quando Walters morreu, em fevereiro de 2002, o mundo ainda não havia se recuperado do choque causado pelos ataques terroristas do 11 de setembro anterior e estava, finalmente, deixando a Guerra Fria para trás.

Esse foi o contexto em que transcorreu a trajetória profissional de Vernon Walters: conflitos reais ou potenciais, ideologias em confronto e a bipolari-dade que marcou a segunda metade do século XX. Nesse cenário, ele atuou ora como observador privilegiado, ora como personagem central de eventos. Ele soube aproveitar as singulares oportunidades surgidas com a Segunda Guerra e com o sistema ideológico que ela engendrou.

Walters costumava dizer que Hitler fez pelo menos uma coisa boa na vida, ainda que de forma completamente inconsciente e involuntária, que foi tirá-lo da companhia de seguros de seu pai, com as suas bênçãos, e o fez entrar para o Exército.[3]

Esse é o poder do contexto, como diria Malcolm Gladwell. Walters recon-heceu as possibilidades oferecidas pelas circunstâncias históricas e soube se conduzir de forma a se inserir convenientemente em seu enredo. Ele que não obteve uma educação formal completa, ascendeu todos os postos da carreira militar até o generalato, foi o emissário de presidentes, ocupou o segundo

---

1 GLADWELL, 2002, p. 240.
2 WALTERS, 19—(a), p. 3.
3 WALTERS, 1978, p. 5 e 6.

posto mais importante da Agência Central de Inteligência (CIA), e foi o embaixador junto às Nações Unidas e à Alemanha. Vernon Walters encontrou o seu nicho no contexto da Guerra Fria.

Ele se tornou o talentoso e discreto agente de uma idéia: a defesa dos ideais de seu país, em especial, a luta contra o Comunismo.[4] As suas armas não foram as tradicionalmente utilizadas pelos militares. Ele empregava a arte de ganhar mentes e corações,[5] pelo cultivo das amizades, do convívio social, aliando, com maestria, sua condição de militar e diplomata.

Além de operar com desenvoltura no complexo mundo da diplomacia, manejando os interesses militares, e vice-versa, Walters era um oficial de inteligência autodidata. Ele empregava técnicas refinadas de recrutar e controlar fontes humanas, de obter informações privilegiadas, de repassá-las oportunamente, e em segurança, a seus superiores, e de atuar clandestinamente quando as situações assim exigiram.

Essa sua faceta de homem de inteligência dificilmente será analisada em detalhes, justamente por conta da seriedade e do sigilo com que planejava e executava as suas missões, conforme constatou o Dr. Perry Pickert no seminário realizado em homenagem a Walters, em 2004:

> Hoje tentamos captar uma idéia sobre quem foi Walters — sua personalidade, suas qualidades humanas e seu caráter. Oferecemos uma panorâmica de suas realizações como militar e diplomata. O que nos cabe, como oficiais de inteligência, é descobrir o componente secreto de seu trabalho como oficial de inteligência. Suas memórias e discursos não revelam com grande cuidado e precisão o que ele fez nos bastidores. Ele não buscava ficar com o mérito de suas realizações, era discreto até em seus diários pessoais e cuidadosamente protegia as fontes e métodos de sua profissão e as confidências de seus colegas e amigos. [6]

Qualquer análise, portanto, das ligações de Vernon Walters com o Brasil, deve considerá-lo no contexto de inteligência. Ele foi um soldado-diplomata, nas palavras de Roberto Campos,[7] operando no campo de batalha invisível da

---

4 Gladwell desenvolve uma teoria em termos facilmente compreensíveis para explicar a propagação epidêmica de idéias, produtos e mensagens. De acordo com Gladwell, no contexto da Guerra Fria, Walters pode ser visto como um exemplo de Conector, Perito e Vendedor. Uma interpretação mais aprofundada da carreira de Walters nesse particular fica para pesquisadores com experiência em análise sociológica.

5 CZEGE, 2006.

6 PICKERT, 2004, p. 75.

7 CAMPOS, 1994, p. 547. Campos foi embaixador brasileiro nos Estados Unidos nos anos 1961-1963.

Guerra Fria, em defesa dos ideais em que acreditava. O que ele fez no Brasil é o que se espera que os brasileiros, adidos militares, diplomatas e oficiais de Inteligência, também façam no exterior em semelhantes circunstâncias. Tirá-lo desse contexto histórico significaria perder o real significado de quem ele foi e do que ele fez.

As relações de Walters com Brasil não se restringiram ao episódio de 1964, quando suas ligações com os militares responsáveis pela mudança do regime lhe valeram grande notoriedade no País. De 1943 a 1948 ele serviu de intérprete a lideranças militares brasileiras em visita aos Estados Unidos da América (EUA), atuou como oficial de ligação junto à Força Expedicionária Brasileira (FEB) na Itália, e foi o assistente do adido do Exército no Rio de Janeiro. Ele voltou a trabalhar no País no período entre 1962 e 1967 como adido militar e de defesa. Até a sua morte, em 2002, Walters voltou inúmeras vezes ao Brasil, como diplomata ou simplesmente para visitar os velhos amigos que aqui deixou.

As amizades forjadas nos campos de batalha na Itália entre Walters e os brasileiros foram preservadas ao longo dos anos. Walters se interessava pelas pessoas, por suas estórias, por sua cultura e por seu idioma. Ele encontrou no brasileiro um povo aberto, receptivo e apreciador de uma boa conversa. Sua fervorosa fé católica também encontrou eco no Brasil, o maior país católico do mundo. Ele falava um português abrasileirado, com o sotaque do carioca, torcia pelo time do Flamengo e dizia que o Brasil era a sua segunda pátria.

Walters escreveu que o Brasil exerceu grande influência em sua vida. O objetivo deste trabalho, portanto, é analisar com alguma profundidade, a extensão e o significado, a longo prazo, das ligações de Vernon Walters com o Brasil.

Para alcançar esse objetivo, foram realizadas pesquisas no *National Archives* e na biblioteca do NDIC, em Washington, DC; no Arquivo Nacional, na Biblioteca Nacional, na Escola Superior de Guerra (ESG) e na Escola de Comando e Estado-Maior do Exército (Eceme), no Rio de Janeiro; nas bibliotecas do Ministério das Relações Exteriores (MRE), do Senado Federal e da Agência Brasileira de Inteligência (Abin), em Brasília; e foram consultados os acervos dos jornais O Globo e Folha de São Paulo e da Revista Veja.

As fontes primárias consultadas foram o ex-embaixador no Brasil, Lincoln Gordon, o marechal Waldemar Levy Cardoso, os generais Carlos de Meira Mattos, Otávio Costa, Rubens Brum Negreiros, Arthur Moura, o ex-ministro de Justiça Jarbas Passarinho, o diplomata Steven Monblatt, o padre Lee Martiny, a Sra. Genie Norris Murphy e os familiares de Walters, Sra. Sherry Walters e Peter Adams.

Finalmente, foram explorados os escritos do próprio Vernon Walters. Além dos livros *Missões Silenciosas* (1980) e *Poderosos e Humildes* (2000), publicados no Brasil, foi consultado o seu acervo pessoal, composto de diários pessoais e de manuscritos ainda não publicados.

Os resultados obtidos serão apresentados da seguinte forma:

O primeiro capítulo, intitulado *O Missionário e o Gigante*, apresenta um histórico das relações de Walters com o Brasil. O capítulo trata do período em que Walters atuou junto à FEB na Itália e das fases em que ele esteve no País como assistente de adido e como adido do Exército e de Defesa.

O capítulo seguinte, *A formação do missionário*, aborda a preparação que Walters teve junto a outras personalidades de seu tempo. Dentre tantas figuras de destaque, foram ressaltados os períodos em que ele esteve ao lado do general Mark Clark, do presidente Castello Branco, do diplomata Averell Harriman e do Presidente Dwight Eisenhower.

No terceiro capítulo, *Poderosos produtos de seu tempo*, Walters é considerado no contexto em que atuou. Busca-se um precedente para a sinergia que ele promoveu entre militares, diplomatas e autoridades políticas. É traçado um paralelo entre Walters e outras personalidades.

No último capítulo, *Uma lenda no Brasil*, analisa-se o fato de Walters ter se tornado uma figura lendária no País. Discute-se o legado de Walters e o fato de ele haver deixado no Brasil um sucessor. E, finalmente, considera-se a efetiva influência que o Brasil representou em sua vida.

Capítulo 1 – O missionário e o Gigante

O 'Gigante Adormecido' de que fala o hino nacional brasileiro estava se movendo lentamente nos rincões do interior. Os jovens estavam agindo — a alvorada não pode estar tão distante. (Walters)[8]

As primeiras ligações com o Brasil e com os brasileiros

Um dia, em abril de 1943, o 1º tenente Vernon "Dick" Walters, que servia no Centro de Treinamento em Inteligência Militar, em Camp Ritchie, apresentou-se no Pentágono, onde um coronel transmitiu-lhe uma missão. Ele deveria acompanhar um grupo de oficiais portugueses em visita aos Estados Unidos. Walters afirmou que deveria haver algum mal-entendido já que não falava português. O coronel respondeu: *"você não fala português, mas fala espanhol, francês, italiano e com certeza entenderá o que eles dizem"*.[9] Walters ainda tentou argumentar que adorava ouvir as canções de Carmen Miranda, mas que simplesmente não conseguia entender o que as palavras significavam. A situação foi solucionada quando o coronel encerrou a conversa: *"Tenente, há um mal-entendido, sim. Você parece ter a impressão de que o estou convidando para estar aqui amanhã às 9 horas. Eu não estou. É uma ordem. Esteja aqui e falando português"*.[10]

Disciplinado, Walters conseguiu algumas revistas em português e, devido ao seu conhecimento de espanhol, descobriu que poderia entender quase tudo do que estava escrito. Ele descobriria em breve que a língua falada, todavia, soava bem diferente do que estava escrito, mas os portugueses o ajudaram no aprendizado inicial da língua:

> Fiquei muito satisfeito por descobrir desde logo que, graças aos conhecimentos de francês e espanhol que todos tínhamos, a comunicação era muito mais fácil. Ajudado por eles, comecei a falar português, cujas palavras, coisa que eu não sabia, são em 80% dos casos identificadas por quem conhece o espanhol.[11]

Uma vez que o grupo de visitantes era composto de oficiais superiores, incluindo o coronel Craveiro Lopes, que se tornaria mais tarde o presidente de

---

8 WALTERS, 19—(b), p. 73.
9 WALTERS, 1978, p. 61.
10 WALTERS, 1978, p. 61
11 WALTERS, 1978, p. 62-63.

Portugal, Walters foi temporariamente promovido ao posto de capitão, como uma deferência aos portugueses. Terminada a missão, no entanto, Walters retornou ao posto de primeiro tenente, o que o colocou em uma situação bem constrangedora perante seus amigos de farda. Eles queriam saber o que Walters fizera de errado com os portugueses para merecer o "rebaixamento". Felizmente para ele, no entanto, dois meses depois veio a sua promoção definitiva ao posto de capitão.

Terminada a missão com os portugueses, Walters retornou às suas tarefas em Camp Ritchie, onde ensinava técnicas de interrogatório, e pensou que aquela havia sido uma missão isolada, que não mais aconteceria, mas a realidade seria diferente:

> Mal podia imaginar que ... aquela missão, na qual fui exposto, pela primeira vez, à língua portuguesa levar-me-ia à minha próxima missão junto aos brasileiros e por meio dela a uma profunda influência em minha vida.[12]

De fato, pouco tempo depois Walters foi convocado a cumprir nova missão: desta vez acompanhando o ministro da Aeronáutica brasileiro, Pedro Salgado Filho, também em visita aos Estados Unidos. Este não foi, contudo, o primeiro encontro com um brasileiro. De acordo com uma entrevista que Walters concedeu, em 1966, ao Jornal O Globo, o primeiro brasileiro com quem ele se encontrou foi Santos Dumont:

> Eu era ainda menino, estava na Europa com os meus pais, quando casualmente encontrei-me com o grande brasileiro pioneiro da aviação. O fato causou-me uma profunda impressão, porque Santos Dumont era admirado por todo o mundo por conta de suas invenções.[13]

Ao receber a comitiva brasileira, Walters achou o português falado no Brasil muito mais fácil de entender que o falado em Portugal. Segundo escreveu, a pronúncia parecia mais próxima do espanhol e as palavras eram pronunciadas mais claramente. Além disso, o mês que passou com Salgado Filho serviu para aperfeiçoar o seu português e dar-lhe um sotaque brasileiro.[14]

Não muito tempo após isso, Walters teve que cumprir outra missão com os brasileiros. Dessa vez, ele acompanhou o ministro da Guerra brasileiro, o general Eurico Gaspar Dutra, durante uma visita aos Estados Unidos. Eles visitaram Forte Benning, Forte Sill, várias instalações na Costa Oeste, San

---

12 WALTERS, 1978, p. 68.
13 JORNAL O GLOBO, 1966.
14 WALTERS, 1978, p. 72-73.

Francisco, siderúrgicas no estado de Indiana e o arsenal de tanques Chrysler em Detroit. Em Washington, os brasileiros foram recebidos pelo presidente Roosevelt. Walters escreveu que esta foi a primeira vez em que entrou no Salão Oval e se encontrou com um presidente dos Estados Unidos. Ao final da viagem, o general Dutra condecorou Walters com a medalha Ordem do Mérito Militar brasileira.

O ministro brasileiro ficou impressionado com o domínio que Walters tinha da língua portuguesa e mostrou-se surpreso ao descobrir que o americano nunca havia visitado o Brasil ou Portugal. O general Dutra comentou: *"Walters, é ridículo que alguém fale português como você, sem ter conhecido um país onde se fala essa língua. Quero que você me acompanhe de volta ao Brasil"*.[15] O convite foi aceito imediatamente e o general Dutra obteve a permissão dos superiores de Walters para que o então capitão acompanhasse a comitiva na viagem de volta ao Brasil por um período de dez dias.

Como naquela época não havia vôos diretos entre Washington e o Rio de Janeiro, a primeira cidade brasileira que Walters conheceu foi Belém. Além de Belém, Belo Horizonte e Rio de Janeiro, Walters conheceu, ainda nessa primeira visita, Petrópolis, São Paulo, Curitiba, Santos, Recife e Natal e descreveu o seu sentimento com relação ao Brasil e aos brasileiros:

> Eu havia colhido uma impressão geral do Brasil e conhecido os brasileiros, um povo amável, inteligente e hospitaleiro, imbuído de um senso de destino histórico e de uma determinação para fazer tudo o possível para acelerar a transformação do Brasil em uma grande potência mundial.[16]

De volta aos Estados Unidos, Walters foi transferido para a Escola de Comando e Estado-Maior em Forte Leavenworth, com a missão de acompanhar um grupo de oficiais brasileiros em um curso especial que fora organizado para a composição da FEB. Walters registrou que *"em Forte Leavenworth encontrei muitos dos oficiais que se tornariam meus grandes amigos na Itália. Mais tarde um grande número deles alcançou posições importantes"*.[17]

A Força Expedicionária Brasileira

Em dezembro de 1943, Walters voltou ao Rio de Janeiro, desta vez para acompanhar o Comandante da FEB, general João Baptista Mascarenhas de

---

15 WALTERS, 1978, p. 74.
16 WALTERS, 1978, p. 75-76.
17 WALTERS, 1978, p. 77.

Moraes, e seu Estado-Maior em uma missão de reconhecimento ao teatro de operações na Itália. Em Nápoles o grupo visitou o general Mark Clark, comandante do V Exército, com quem foi discutido o emprego da Divisão brasileira.

Como o V Exército era formado de contingentes de várias nações, o general Clark, ao apresentar os brasileiros para pessoas de várias nacionalidades, mostrou-se muito impressionado pela habilidade de Walters se comunicar em muitos idiomas. Como conseqüência disso, algum tempo depois Walters seria designado ajudante-de-ordens do general Clark.

Como parte da missão de reconhecimento, os brasileiros visitaram a frente de batalha e testemunharam um ataque precedido de uma barragem de artilharia. Walters escreveu que viu o general Mascarenhas de Moraes comentar: *"Meu Deus! Esta é uma guerra de ricos"!*[18] Depois de uma visita a Pompéia e a outros pontos da Itália, a comitiva retornou ao Brasil.

Chegando ao Rio, o novo adido militar americano no Brasil, general Hayes Kroner, determinou que Walters permanecesse no país como seu ajudante-de-ordens. Walters escreveu que:

> A princípo, fiquei encantado com a idéia de permanecer no Rio e melhorar meu português, mas, pensando melhor, concluí que esta missão fosse durar toda a guerra, deixando-me assim afastado da luta. Eu era então muito moço e desejava retornar às linhas de frente, para combater, ganhar medalhas, viajar e ser promovido. Parecia-me evidente que tudo isso seria muito pouco provável, se eu permanecesse no Rio.[19]

Mesmo pensando assim, Walters acabou permanecendo no Rio de Janeiro e atuou como ajudante-de-ordens do general Kroner durante quatro meses. Em março de 1944, Walters voou até Natal, para acompanhar a Sra. Franklin Delano Roosevelt e servir-lhe de intérprete, durante visita da Primeira-Dama à base americana instalada naquela cidade. De volta ao Rio, Walters ajudou na preparação das tropas brasileiras que seriam enviadas à Itália. Em abril, Walters recebeu ordens para voltar à Itália. Ele foi designado ajudante-de-ordens do general Mark Clark.

Com a chegada da FEB à Itália, em agosto de 1944, Walters viajou até Roma para se encontrar com o general Mascarenhas de Moraes. O brasileiro manifestou o desejo de que Walters atuasse como oficial de ligação entre a FEB e

---

18 WALTERS, 1978, p. 83.
19 WALTERS, 1978, p. 85.

**O capitão Vernon Walters participa atentamente de uma instrução na cam-
panha da Itália.** Foto cortesia da major Elza Cansação, enfermeira com a Força
Expedicionária Brasileira na Itália.

**Captain Vernon Walters listens intently during a briefing in the Italian cam-
paign.** Photo courtesy of Major Elza Cansação, nurse with the Brazilian Expeditionary Force in Italy.

o V Exército por conta do seu domínio do português, de sua experiência na
Itália e por conhecer bem as peculiaridades do V Exército. O comandante da
FEB enviou, alguns dias mais tarde, uma carta ao general Clark solicitando
que o capitão Walters ficasse adido à Divisão brasileira. No dia 21 de agosto,
foi efetivada a designação de Walters como oficial de ligação junto à FEB e aos
brasileiros, onde permaneceria até o fim da guerra.

O general-de-divisão Lucian Truscott, comandante do 5º Exército e o general Mascarenhas de Moraes passam em revista às tropas da Força Expedicionária Brasileira na Itália, acompanhados pelo oficial de ligação major Vernon Walters. Foto cortesia da major Elza Cansação, enfermeira com a Força Expedicionária Brasileira na Itália.

Lieutenant General Lucian Truscott, Commander of the Fifth Army and General Mascarenhas de Moraes review Brazilian Expeditionary Force troops in Italy, accompanied by U.S. liaison officer Major Vernon Walters. Photo courtesy of Major Elza Cansação, nurse with the Brazilian Expeditionary Force in Italy.

Ao se transferir para o quartel dos brasileiros, Walters se certificou de levar um jipe, um lampião Coleman e um fogão para cozinhar sua própria comida, uma vez que ele sempre se declarou "antibrasileiro" numa coisa: ele não gostava da comida brasileira.[20] Essa aversão à culinária brasileira chegou ao ponto de, no dia de Ação de Graças, ocasião em que todas as unidades, inclusive a dos brasileiros, receberam perus para a comemoração da data, Walters foi almoçar com o batalhão de tanques e jantar com a companhia de sinais, ambas unidades americanas. Tudo porque temia que o peru no quartel da FEB fosse preparado à moda brasileira.[21]

---

20 BLINDER, 1995.
21 WALTERS, 1978, p. 127.

Em 19 de agosto, o primeiro-ministro Churchill visitou as tropas e, em seu discurso, chamou os brasileiros e os americanos de "companheiros de armas", o que, segundo Walters, deixou os brasileiros muito orgulhosos, mesmo que ainda não houvessem entrado em combate. Como primeira missão junto aos brasileiros, Walters empenhou-se em equipar a Divisão adequadamente. Ele teve que *"vencer as naturais relutâncias de qualquer unidade do Exército, quando se trata de fornecer equipamento para outra"*.[22] Percorrendo Walters vários quartéis na Itália, por fim a FEB foi devidamente equipada.

Em 20 de setembro, o general Clark, durante uma inspeção às tropas da FEB, falou a um grupo de brasileiros e Walters fazia a tradução. Depois de mencionar a magnitude da tarefa que tinham pela frente e agradecer-lhes por participarem da luta comum, o general Clark acrescentou que promovera o capitão Walters ao posto de major. Walters relatou que ficara tão surpreso que simplesmente não repetiu em português a parte que se referia à sua promoção. O general Clark percebeu a omissão e, em voz baixa, advertiu o recém-promovido: *"Olhe aqui, Walters, quando eu disser uma coisa, faça o favor de traduzir"*. Walters cumpriu a ordem imediatamente e recebeu ali mesmo a insígnia de major, tendo o general Clark proferido algumas palavras amáveis a seu respeito. Os brasileiros receberam a promoção de Walters como um ato de consideração com relação a eles. Em pouco mais de dois anos, Walters ascendeu de segundo-tenente a major.[23]

Walters integrou-se perfeitamente, com exceção à culinária, claro, ao convívio com os brasileiros. Com o tempo, sua atuação junto ao Estado-Maior da FEB não mais se restringia ao ofício de intérprete, mas ajudava os diversos setores, em especial, a Seção de Operações, comandada pelo coronel Humberto de Alencar Castello Branco, já seu amigo. Numa determinada noite de dezembro de 1944, houve intenso bombardeio inimigo às instalações brasileiras em Porreta Terme e a cada vez que uma instalação era atingida, o general Mascarenhas de Moraes enviava um oficial do Estado-Maior para avaliar os danos. Foram tantos os pontos atingidos naquela noite que, quando a clínica neuropsiquiátrica do quartel foi alvo dos ataques, só restava Walters como oficial para avaliar a situação.

Ao verificar que o prédio da clínica estava em chamas, Walters ainda teve tempo de refletir que aquele não era um local adequado para o tratamento de pacientes com problemas psiquiátricos — uma área sob intensos bombardeios. Ele narra que quando entrava no que restou do prédio, viu um indivíduo

---

22 WALTERS, 1978, p. 117.
23 WALTERS, 1978, p. 118.

baixinho em disparada, com os olhos arregalados, deixando a clínica. Instintivamente, Walters agarrou-o imaginando que ele fosse um dos pacientes em fuga, mas o homem disse: *"Não, não. Eu sou um médico."* Walters disse: *"Oh, também sou."* Walters soltou o indivíduo apenas quando um soldado brasileiro se aproximou e esclareceu: *"Major Walters, ele é realmente o médico encarregado da clínica"*.[24]

Quando o inverno se intensificou e a neve finalmente caiu, Walters acabou se tornando instrutor de esquiação dos brasileiros. As dificuldades eram inúmeras, pois não havia vocabulário em português para descrever os vários movimentos e manobras do esqui. Eram intensos os protestos dos brasileiros, que diziam que não iriam conseguir descer a colina e parar sobre aquelas pranchas. De repente, um avião americano que sobrevoava a região teve problemas e seus ocupantes conseguiram saltar de pára-quedas, antes que o avião caísse em um campo aberto nas proximidades. Ao ver a cena, Walters iniciou a descida da colina para se encontrar com os pára-quedistas e disse aos alunos que o seguissem. Para seu espanto, todos os alunos o seguiram e esquiaram corretamente até a base da colina.[25]

Ocupando posição privilegiada junto ao comando da FEB, Walters presenciou importantes decisões tomadas com relação à tropa brasileira. Em certa feita, o general Willis Crittenberger, comandante do 4º Corpo de Exército, visitou o general Mascarenhas e disse que entendia que o Posto de Comando brasileiro estava sob fogo de artilharia pesada e que estava sendo difícil atuar sob aquelas condições. Crittenberger afirmou que não fazia qualquer objeção caso Mascarenhas optasse por retirar seu Quartel-General daquele bombardeio intensivo.

Como Walters não havia dormido bem por uma semana, em razão dos bombardeios, e sendo ele a única pessoa presente à reunião que falava as duas línguas, não pôde evitar que sua tradução ao português fosse muito mais carregada de entusiasmo a favor da retirada das tropas que a afirmação original de Crittenberger. Ao fim da tradução parcial de Walters, o general Mascarenhas de Moraes olhou o general Crittenberger e disse: *"General, o senhor é americano e possui muitas instalações na Itália. E, por isso, o senhor pode mudá-las à vontade para frente, para o lado ou para trás e ninguém prestará a mínima atenção. Este é o único Quartel-General brasileiro na Itália, e quando eu o deslocar será para frente e não para trás"*.[26]

---

24 WALTERS, 1978, p. 128.
25 WALTERS, 1978, p. 131.
26 WALTERS, 1978, p. 133.

Próximo à Riviera Gardone na Itália, o general João Baptista Mascarenhas de Moraes condecora o major Vernon A. Walters com a Medalha de Guerra em nome do presidente do Brasil, 29 de maio de 1945.

Near Gardone Riviera in Italy, Major General Joao Baptista Mascarenhas de Moraes awards Major Vernon A. Walters the Medalha de Guerra on behalf of the President of Brazil, May 29, 1945.

No dia 20 de abril de 1945, Walters foi atingido pela explosão de um bujão de gasolina, durante um ataque brasileiro às tropas alemãs. Envolvido pelas chamas, ele conseguiu se livrar do fogo enrolando-se em um cobertor. Levado para um hospital, foi operado e permaneceu internado até o fim da guerra, que ocorreu poucas semanas depois.[27] Nessa condição, Walters perdeu uma das maiores conquistas dos brasileiros: a rendição incondicional da 148ª Divisão alemã com seus 14.779 mil homens.[28]

Terminada a guerra, Walters voou para o Brasil, acompanhando os generais Clark e Crittenberger, que haviam sido convidados pelo governo brasileiro para assistir no Rio à chegada da FEB e à parada da vitória. Após a recepção das tropas brasileiras, Walters foi notificado de sua transferência para o Brasil, como adjunto do adido do Exército à embaixada americana. Ele julgou essa nomeação como sendo uma seqüência lógica, uma vez que conhecera *"tantas figuras proeminentes do Exército brasileiro na Itália".*[29]

Nesse período, Walters acompanhou várias autoridades americanas em visita ao Brasil, dentre elas o general Eisenhower, em 1946, o presidente Truman e o general Marshall, em 1947. Em abril de 1948, ainda servindo no Brasil, Walters atuou como adido e intérprete do general Marshall na Conferência Pan-Americana em Bogotá. E, naquele mesmo ano, foi designado para integrar como adido itinerante no gabinete de Averell Harriman, na implantação do Plano Marshall na Europa.

No dia de sua partida do Rio de Janeiro, uma guarda de honra do Exército brasileiro foi destacada para acompanhar sua despedida no aeroporto. Depois de passar em revista à guarda formada, a banda de música tocou *Deus salve a América*. Um americano, companheiro de viagens de Walters, ficou intrigado com tanta formalidade e deferência oferecida a um major, ao que Walters explicou que se tratava de uma cortesia oferecida a ele por conta do trabalho realizado junto à Força Expedicionária Brasileira.[30]

Em suas Memórias, o marechal Mascarenhas de Moraes presta uma homenagem aos grandes chefes militares aliados na Itália. Depois de enaltecer os feitos do marechal Alexander, do Exército britânico, e dos generais americanos Mark Clark, Lucian Truscott e Willis Crittenberger, ele assim se refere a Walters:

> A estes famosos chefes acresço o nome de um jovem oficial americano, major Vernon A. Walters, que foi meu assistente e oficial de ligação com o V Exército. Relembro aqui com gratidão os inúmeros serviços por ele prestados à divisão brasileira, pela

---

27 WALTERS, 1978, p. 137-138.

28 MORAES, 1984, vol.1, p. 316.

29 WALTERS, 1978, p. 140.

30 WALTERS, 1978, p. 169.

fluência com que utilizava nossa língua, pelo seu valor e iniciativa. Serviu conosco, conquistando a estima de seus chefes e camaradas, brasileiros e americanos. Participou das diversas ações de combate em que se empenhou a Divisão brasileira.[31]

De coronel a general

Nos anos de 1950, Walters trabalhou como adido itinerante junto a Harriman e atuou como intérprete do general e depois presidente Eisenhower em várias ocasiões. Em 1962, Walters era o adido militar na embaixada da Itália quando foi transferido para ocupar o mesmo posto na embaixada americana no Brasil.[32] Ao desembarcar no Rio de Janeiro, treze generais brasileiros aguardavam no aeroporto para saudá-lo. Eram antigos companheiros da época da FEB e pertenciam a todo o espectro político, desde José Ulhoa Cintra, de direita, até Luiz Cunha Mello, de esquerda. Walters apreciou essa acolhida: *"Fiquei, claro, muito grato a eles pelo gesto, o que renovou a afeição e a estima que sempre tive e sempre terei aos brasileiros".*[33]

Apesar da calorosa recepção no aeroporto, a chegada de Walters ao Brasil, naquele momento, ganhou repercussão negativa e foi estabelecida uma longa campanha contra ele. O jornal Novos Rumos publicou longo artigo no qual afirmou que *"O coronel Walters, o principal especialista do Pentágono em golpes militares, acaba de ser enviado ao Brasil com o único objetivo de depor o presidente Goulart e estabelecer um regime títere dos Estados Unidos".*[34] O jornal acrescentou que Walters fora o artífice das deposições do rei Farouk, do Egito, do presidente argentino Frondizi e do presidente Prado, do Peru. Comentando essa matéria, anos depois, em uma entrevista ao Jornal O Globo, Walters afirmou que fez questão de recortar essa nota e enviá-la a Washington com a seguinte observação: *"E no sétimo dia descansei."*[35] O general Mascarenhas de Moraes ofereceu-lhe um almoço de desagravo. Em

---

31 MORAES, 1984, vol.2, p. 342.

32 Os primeiros registros do emprego de militares norte-americanos na condição de adidos datam do final do século XIX, com o objetivo de levantar informações na Guerra Russo-Turca de 1877. Esses oficiais realizaram missões que não se restringiram à "observação" militar. Carta do secretário de Estado interino Seward ao Coronel W.B. Hazen, em 28 de junho de 1877. Instruções Diplomáticas do Departamento de Estado, RG 59, National Archives and Records Administration, College Park, Maryland. Ver Maureen O'Connor Witter, "Sanctioned Spying: The Development of the Military attaché in the Nineteenth Century, in Peter Jackson and Jennifer Siegel, eds., *Intelligence and Statecraft: The Use and Limits of Intelligence in International Society (Westport, Connecticut: Praeger, 2005)*, p. 87-107.

33 WALTERS, 1978, p. 374.

34 WALTERS, 1978, p. 376.

35 JORNAL O GLOBO, 1978.

seu discurso, Moraes enfatizou a contribuição que Walters ofereceu ao Brasil e concluiu: *"Há quem queira vê-lo longe do país, mas aqueles que lutaram em Monte Castello e Montese não concordam com isso".*[36]

Para Walters, o objetivo dessa campanha negativa era intimidá-lo e deixar os brasileiros receosos de falarem com ele. Isso o obrigou a ter muita cautela para não prejudicar seus amigos. Em dada situação, Roberto Campos, então embaixador nos Estados Unidos, perguntou a Walters: *"Walters, que história é essa de que você anda conspirando? O presidente já me perguntou, pessoalmente, se você não deve ser mandado embora".* Ao que Walters respondeu:

> Senhor embaixador, dou-lhe minha palavra de honra, como oficial do Exército dos Estados Unidos, que não há a mínima verdade em tudo isso. Conheço os brasileiros muito bem e sei como eles reagiriam se um estrangeiro tentasse interferir em seus problemas internos. Ademais, uma atitude como essa seria de todo contrária às instruções que recebi. O que faço é procurar manter-me informado da situação e do que pode acontecer precisamente como o senhor, ou qualquer outro representante brasileiro faz no país junto ao qual está acreditado.[37]

Walters registrou que o embaixador acreditou em sua palavra e prometeu passá-la ao presidente Goulart. Em sua autobiografia, Roberto Campos escreveu que, estando em Washington, não deixava de admirar a abrangência e a atualidade das informações da Casa Branca sobre a evolução dos acontecimentos no Brasil:

> Além dos profissionais da CIA, Washington mantinha no país dois esplêndidos analistas: o embaixador Lincoln Gordon e o adido militar, coronel Vernon Walters, um soldado-diplomata, com intensa e afetiva conexão com militares brasileiros desde os campos de batalha da Itália, na Segunda Guerra Mundial.[38]

Roberto Campos menciona as suspeitas que o presidente Goulart tinha com relação à grande camaradagem de Walters com oficiais do Exército brasileiro que serviram na FEB. A preocupação do presidente era que Walters confundisse o dever de informação, que tinha como adido militar, com solidariedade em conspirações, o que já se transformara em boato:

---

36 WALTERS, 1978, p. 381.
37 WALTERS, 1978, p. 376.
38 CAMPOS, 1994, p. 547.

Em uma de minhas visitas ao Brasil, Jango recomendou-me investigar a procedência do boato. Declarei-lhe que conhecia bem Walters, como um soldado-diplomata de alto valor ético, e prudente demais para extravasar dos limites legítimos da adidância militar. Àquela altura a fé de ofício de Walters já era impressionante.[39]

Apesar de tudo isso, Walters procurou cumprir bem sua missão de informar o embaixador a respeito da situação. Para isso, ele mantinha contato com os militares dos mais diversos setores. Conforme escreveu, apesar de ser um oficial do Exército, ele teve mais contatos com a esquerda do que qualquer outro funcionário da embaixada. Além disso, ele era amigo de muitos deles. Mesmo depois da instalação do regime militar, Walters foi convidado pelo general Argemiro de Assis Brasil, ex-chefe do Gabinete Militar de Jango, para uma recepção no Hotel Copacabana Palace. Quando chegou, Walters foi saudado em alta voz por Assis Brasil, cercado de amigos e correligionários: *"Alô, Walters! Vocês, norte-americanos, estão convencidos de que sou um comunista, um castrista ou um maoísta. Nada disso. Sou apenas um brasilianista"*. Walters respondeu que sabia como o outro se sentia e acrescentou: *"Muitos pensam que sou um capitalista, uma ponta de lança do imperialismo e também não sou nada disso."* Os dois se abraçaram e Assis Brasil falou: *"Walters, se todos os norte-americanos fossem como você, não haveria problemas."*[40]

O certo é que Walters continuou visitando e recebendo as visitas de seus amigos. Um dos mais próximos, dentre eles, comunicou-lhe que *"Castello Branco finalmente concordara em nos liderar e isto nos deu a esperança de que o Brasil ainda não está perdido."* Um outro, um general da época da guerra, era muito solícito com Walters porque *"temia que o país se tornasse comunista e se transformasse em outra Cuba".*[41] Esse oficial transformou sua casa em um verdadeiro arsenal, armazenando metralhadoras, fuzis, granadas e munição. Em determinada noite, o general chamou Walters para conversar e alguém telefonou dizendo que a casa seria revistada pela polícia. Walters decidiu partir imediatamente; seu carro, por via das dúvidas, estava estacionado a alguns quarteirões da residência. No entanto, o amigo pediu que Walters permanecesse e ele assim o fez, não sem imaginar as manchetes dos jornais no dia seguinte, dando contas de sua participação no movimento. Fora um alarme falso. A polícia não realizou a busca. O oficial ficou muito agradecido com o gesto de coragem de Walters. Ao falecer, algum tempo depois, o general

---

39 WALTERS, 1978, p. 547.
40 WALTERS, 1978, p. 380.
41 WALTERS, 1978, p. 382.

deixou para Walters, em seu testamento, o seu bastão de comando, que era confeccionado em ouro e marfim.[42]

A troca de mensagems entre o Rio e Washington

As interações entre o embaixador Lincoln Gordon e o coronel Vernon Walters foram bastante intensa nesse período. Isso é o que se vê pela análise da correspondência trocada entre a embaixada no Rio de Janeiro e o Departamento de Estado, em Washington.

Em 2004, quarenta anos, portanto, após o movimento militar de 1964, parte dessa documentação foi desclassificada e disponibilizada para o acesso público. Além dos documentos originais, que podem ser acessados no *National Archives*, na capital norte-americana, o Departamento de Estado incluiu essa correspondência em uma publicação, intitulada Brasil, que é o volume XXXI da série *Foreign Relations, 1964-1968*, que compreende as Américas do Sul e Central, além do México.

Na referida obra constam 64 documentos — como telegramas, memorandos e registros de conversações — dando conta do acompanhamento que os americanos realizaram dos eventos no Brasil. Pelo menos nove desses documentos descrevem o papel que Walters desempenhou naquele período.[43]

O primeiro desses documentos, originalmente classificado como confidencial, é um memorando enviado pelo Diretor do Escritório de Assuntos Brasileiros, Ralph J. Burton, ao Secretário de Estado Assistente para Assuntos Inter-Americanos, Thomas C. Mann, datado de 8 de janeiro de 1964. O assunto do documento é *"A posição dos militares no Brasil"*. Burton escreveu que era razoavelmente claro que a maior parte dos oficiais brasileiros era favorável à manutenção do processo democrático, apesar de não ter notado qualquer movimentação de golpe contra Goulart. Além disso, ele afirmava que os militares eram uma força que poderia conter os excessos extremistas e antidemocráticos e acrescentou:

> Acho que é geralmente reconhecido que para o Adido do Exército no Brasil, Coronel Walters, Goulart está causando uma erosão política entre os militares. Ademais, o Coronel Walters me confirmou, em agosto passado, que se Goulart agir em direção a uma ditadura, violando a constituição, haverá, no mínimo, um confronto armado. Enquanto Goulart tem demonstrado um gosto por criar aguda tensão política e crises em intervalos periódicos,

---

43 DEPARTAMENTO DE ESTADO, 2004.
42 WALTERS, 1978, p. 383.

a história indica uma tendência considerável de sua parte em se retirar e ceder para evitar uma explosão definitiva. Por essa razão os militares devem ser vistos como uma potencial força limitadora politicamente forte contra excessos goulartistas anti-democráticos. Nossa maior preocupação deve ser o fato de que os militares possam estar confusos e imobilizados pelas repetidas manobras políticas ardilosas e sutis de Goulart.

Devo acrescentar que há entre os militares uma considerável dose de boa vontade com relação aos Estados Unidos e simpatia para com os objetivos e políticas dos EUA; isso é o que se notou em vários quartéis à época da crise dos mísseis cubanos. Por essa razão e por conta das considerações colocadas acima assumimos a posição de que a cultivação dos militares brasileiros tem alta importância política e que defendemos, portanto, o programa dos C-130.[44]

Em nota escrita a mão no documento acima consta que, no mesmo dia 8, ocorreu uma reunião de integrantes de várias agências para a discussão de um plano de contingência para o Brasil. Esse plano continha quatro possibilidades: "revolta de extremistas da esquerda", "revolta democrática contra os excessos do regime"; "remoção de Goulart por forças construtivas"; e "tomada gradual da extrema esquerda". O plano de contingência recomendava que os Estados Unidos evitassem qualquer associação com "conspiradores de direita", embora reconhecesse que contatos sigilosos com tais grupos fossem necessários para a coleta de inteligência e "o exercício de uma influência moderada, onde apropriada." No evento de uma "tomada militar interina", continuava o plano de contingência, os Estados Unidos deveriam assumir uma "atitude de construtiva amizade" enquanto pressionassem por um "rápido retorno aos processos democráticos constitucionais".

Em 21 de fevereiro de 1964, às 18 h, Lincoln Gordon enviou um telegrama ao Departamento de Estado. A mensagem dava conta de um encontro que o embaixador tivera com o presidente Goulart, no dia anterior. Gordon escreveu que Goulart planejava fazer uma viagem à Europa dentro de um ou dois meses e que desejava também passar pelo Texas para se encontrar com o presidente Lyndon Johnson.

Segundo Gordon, depois de conversarem sobre alguns assuntos, Gordon falou da crescente preocupação de Washington com a influência comunista cada vez maior no Brasil. Goulart respondeu que acreditava que a legalização

---

44 DEPARTAMENTO DE ESTADO, 2004, doc. 181. Refere-se a venda de aviões C-130 para o Brasil. As negociações foram finalizadas em junho de 1964, quando o ministro da Aeronáutica brasileiro assinou um memorando de entendimento.

do Partido Comunista Brasileiro (PCB) reduziria a sua infiltração e influência em outros partidos e isso mostraria que a sua força era menor que o barulho organizado que fazia. Para Goulart, os comunistas estavam divididos em três grupos. Havia o grupo de Brizola, o maior em apoio popular, mas cujas políticas eram muito radicais, já que propugnava, por exemplo, pela tomada violenta do poder; outro grupo seria o chinês-cubano, também violento, mas relativamente pequeno; e, finalmente, havia o ortodoxo grupo de Moscou, de longe o mais disciplinado, que estava assumindo uma linha muito moderada, em correspondência com a linha moderada internacional que Kruschev tomava com relação aos Estados Unidos.

Gordon escreveu que a preocupação de Washington ia além da idéia de se legalizar o PCB. Ela passava especialmente pela força comunista na Petrobras, nas comunicações, nos sindicatos trabalhistas mais importantes e no Ministério da Educação, dentre outros. A estratégia de longo prazo dos comunistas era tomar o poder e, se as táticas de curto prazo mudassem da moderação para a violência, não haveria perigo mais sério que a paralisação do país, a menos que fossem feitas concessões aos comunistas. A resposta de Goulart foi que os americanos não precisavam se preocupar com isso, porque ele já tivera um teste a respeito quando negociou com sindicalistas da Petrobras e evitou uma greve geral por conta da demissão de dois diretores.

Ao final do telegrama, Gordon comentou que tivera a impressão que Goulart não estaria mais tão alinhado com os russos, como demonstrara em um encontro meses antes. Gordon também assinalou que, no *front* doméstico, observava uma disposição de Goulart em assumir riscos extremos, por meio do incentivo a violência esporádica no interior, encontros de grandes multidões e greves com o objetivo de forçar emendas constitucionais para reformas básicas.[45]

Em outro documento, um memorando secreto enviado por um funcionário do Conselho Nacional de Seguridade ao assistente especial do presidente para assuntos de segurança nacional, McGeorge Bundy, em 19 de março de 1964, referiu-se a uma conversação que havia ouvido entre Gordon e o embaixador americano no Chile. Segundo o funcionário, Gordon descreveu a situação econômica no Brasil como sendo terrível. A inflação estava em patamares muito altos e a renda per capita havia apresentado um declínio, o que não ocorria no país desde os anos de 1930.

Gordon continuou dizendo que a única coisa pior que a situação econômica era a situação política. Gordon acrescentou cerca de Goulart:

---

45 DEPARTAMENTO DE ESTADO, 2004, doc. 183.

No curto prazo, sua intenção é meramente a sobrevivência. No longo prazo, ele provavelmente gostaria de uma revolução do tipo peronista, com a corrupção em alta e com o apoio das classes trabalhadoras. Uma tomada comunista é concebível. Brizola e Goulart são rivais que freqüentemente trabalham juntos. No entanto, há fatores atenuantes. Embora um demagogo, Brizola não é muito esperto e não é um bom líder. Em geral, a liderança da esquerda parece dividida.[46]

Na continuação do documento, o funcionário discorre sobre os elementos da política dos EUA com relação ao Brasil, e afirma que na vista de Gordon, as *"nossas relações com os militares brasileiros são muito boas."* O autor conclui dizendo que a embaixada já preparou um plano de contingência com vistas à possível deflagração de uma guerra civil.

Em outra mensagem secreta, enviada da embaixada no Brasil para o Departamento de Estado, em 26 de março de 1964, baseada em informações levantadas por Vernon Walters, Lincoln Gordon solicita que os seguintes dados sejam repassados à Casa Branca:

Em 20 de março, o chefe do Estado-Maior do Exército, general Castello Branco, enviou umas cartas aos generais e outros oficiais dos quartéis-generais e unidades subordinadas do Exército analisando a situação atual no país e defendendo o papel tradicional do Exército como um defensor apartidário das instituições democráticas. A carta é anticomunista e, por uma implicação óbvia, antigoulart, condenando, por exemplo, intenções de fechamento do Congresso ou convocação de assembléia constituinte.[47]

Na mesma mensagem há um comentário em que Castello Branco é considerado como sendo *"o general do Exército no serviço ativo mais enérgico, corajoso e responsável."* Além disso, consta, como informação levantada por Walters, que Castello Branco *"teria recentemente concordado em liderar um grupo de resistência democrática entre os militares. Em sua carta ele está assumindo essa liderança e colocando o seu prestígio próprio em desafio direto contra Goulart"*.

No dia 30 de março de 1964, Walters enviou um telegrama ao Departamento do Exército, no qual comunicava informações colhidas junto ao general Ulhoa Cintra, braço direito do general Castello Branco:

---

46 DEPARTAMENTO DE ESTADO, 2004, doc. 185.
47 DEPARTAMENTO DE ESTADO, 2004, doc. 186.

Marechal Humberto de Alencar Castello Branco

Foto oferecida a Walters pelo marechal-de-campo Humberto de Alencar Castello Branco, pouco antes de deixar a Presidência do Brasil. A foto traz a seguinte inscrição: "Walters: aqui renovo a minha estima a você, ao bravo camarada na guerra e ao amigo de sempre na paz, e que faz o brilho da inteligência e os melhores sentimentos a serviço do Brasil." Brasília, 14 de março de 1967.

Photo presented to Walters by Field Marshal Humberto de Alencar Castello Branco, just before he left office as President of Brazil. The photo bears the inscription: Walters: Herewith I renew my respect for you, to a brave companion at war and to a permanent friend in peace, who makes intelligence come alive and has a great sense of service to Brazil, March 14, 1967.

O adido do Exército [Walters] se encontrou com o general Cintra às 24 h (hora local), do domingo [29 de março]. Ele acabava de chegar de um encontro do movimento de resistência a Goulart e disse que ficara decidido entrar em ação nesta semana de acordo com um sinal a ser combinado mais tarde. A resposta do comandante do Segundo Exército general Kruel em relação ao documento de Castello Branco foi completamente satisfatória. Kruel afirmou que concordava em cem por cento com o documento e que se considerava livre de quaisquer obrigações com relação a Goulart em razão das mais recentes ações deste. Kruel acrescentou que se for destituído do comando do Segundo Exército ele não entregará o comando. Cintra disse que quando Castello Branco deixar a Chefia do Estado-Maior no início desta semana ele vai imediatamente fazer uma denúncia à nação. Um helicóptero foi disponibilizado para levar Castello Branco, o general Cordeiro de Farias e o marechal Dutra do Rio para São Paulo quando o movimento estiver iminente. Cintra indicou que ele e o general Siseno Garmento permanecerão no Rio de Janeiro. O general Moniz de Aragão irá operar na Vila Militar, no Rio. O movimento na Vila Militar vai começar de baixo para cima e há planos para neutralizar importantes unidades suspeitas de serem favoráveis a Goulart e aos esquerdistas. Cintra disse que o comando central do movimento estará inicialmente em São Paulo. Acertos já foram feitos para atuação conjunta com a Marinha e a Força Aérea. O general Souto Malan partirá esta manhã para Porto Alegre com completas instruções para o general Adalberto Pereira dos Santos, que comanda a Sexta Divisão de Infantaria e que será o próximo comandante do Terceiro Exército. Cintra está confiante com relação à guarnição de Minas Gerais e disse que o Governador Magalhães Pinto está ansioso para iniciar o movimento. A movimentação geral pode ser iniciada com o encontro dos governadores democráticos em Porto Alegre na quarta-feira. Ainda não está decidido o dia do início do movimento. Cintra pareceu confiante do sucesso. O Major Moraes Rego parte pela manhã para Recife com instruções para o comandante do Quarto Exército, Justino Alves Bastos. Comentário: Enquanto tenha sido apenas uma conversa, este adido nunca viu Cintra tão confiante e positivo. Este adido espera saber antecipadamente a respeito do sinal de início e reportará em conseqüência. Se a oposição pretende fazer alguma coisa este é o momento. Cintra afirmou categoricamente que o movimento deve ocorrer durante a próxima semana, uma vez que maiores demoras serão favoráveis a Goulart.[48]

---

48 DEPARTAMENTO DE ESTADO, 2004, doc. 192.

For: Colonel Vernon A. Walters
U.S. Army Attache, Brazil

O presidente Johnson (1963-1969) reconhece a habilidade de Walter na dedi-catória da foto: "Um mestre de línguas".

President Johnson (1963-1969) acknowledged Walters' abilities in this photo inscribed: "A Master of tongues."

No dia 31 de março, às 9 h, o embaixador Lincoln Gordon enviou um telegrama, classificado como secreto, ao Departamento de Estado. A mensa-gem dizia que "o balão subiu" em Minas Gerais e a revolta contra o governo

Goulart deveria começar em São Paulo em cerca de duas horas; que o general Mourão Filho estava no comando e que estava levando uma tropa, com efetivo ainda não conhecido, de Juiz de Fora para o Rio de Janeiro.[49] Às 13 h, Gordon enviou novo telegrama dando conta da situação. O embaixador americano comunicava que:

> A situação está mudando muito rapidamente com relatórios aparentemente confiáveis que os movimentos militares em Minas Gerais são integralmente apoiados pelo governador Magalhães Pinto e pela polícia estadual. Por volta de meio-dia, sem indicações claras de ação em São Paulo ou outros estados.[50]

O documento do Departamento de Estado continua listando uma série de telegramas e telefonemas trocados entre Gordon e seus superiores em Washington, dando contas do andamento da situação. Na madrugada do dia 2 de abril, a Embaixada comunicou que o presidente Goulart havia deixado Brasília de avião com destino ao sul do País e, de lá, seguiria para Montevidéu, de acordo com *"fontes seguras no Congresso"*.[51]

Walters volta a ser mencionado em uma teleconferência entre o Departamento de Estado e a Embaixada, ocorrida na tarde do dia 2 de abril. Gordon afirma que o "ARMA", referência ao adido do Exército, posto ocupado por Walters, acaba de ver Castello Branco e este reportava que o País estava calmo, à exceção de Porto Alegre, onde Brizola ainda tinha o controle.[52]

Em 20 de abril, Gordon, por meio de um telegrama, comunica Washington a respeito de sua primeira visita ao presidente Castello Branco, ocorrida na manhã do sábado anterior. Gordon menciona que parabenizou o presidente pelo seu discurso de posse e que disse a Castello Branco que os Estados Unidos tinham o maior interesse em ver um Brasil forte e progressista. Gordon comentou sobre a diferença entre a conversa com o novo e com o presidente anterior:

> O contraste entre o tom desta conversa com as recentes audiências com Goulart era como a diferença entre o dia e a noite. Castello Branco era alerta, atencioso, inteligente e ativo... Saí do encontro com o sentimento que este era um início bastante auspicioso.[53]

---

49 DEPARTAMENTO DE ESTADO, 2004, doc. 195.

50 DEPARTAMENTO DE ESTADO, 2004, doc. 197.

51 DEPARTAMENTO DE ESTADO, 2004, doc. 204.

52 DEPARTAMENTO DE ESTADO, 2004, doc. 205.

53 DEPARTAMENTO DE ESTADO, 2004, doc. 212.

E, finalmente, em um telegrama enviado por Lincoln Gordon ao Departamento de Estado, em 10 de junho de 1964, o embaixador afirmou que visitara novamente o presidente Castello Branco no dia anterior, em Brasília. Depois de descrever vários assuntos que foram abordados na conversa, que durou uma hora e quinze minutos, Gordon destacou que o presidente falou de Walters em termos afetuosos e respeitosos.[54]

Essas mensagens confirmam que Walters foi uma fonte central de informações para o embaixador Gordon, e que a diplomacia e a política norte-americana, com relação ao Brasil, no período, estavam ligadas ao relacionamento muito positivo de Walters com o novo presidente brasileiro. Em 1965, Walters é promovido a general e assume o posto de adido de defesa na Embaixada americana no Brasil. Ele ainda permaneceria no País por mais dois anos.

Em 1967 com destino ao Vietnam, onde permaneceria por um tempo, antes de seguir para o posto de adido militar em Paris, Walters escreveu:

> Chegara ao fim minha segunda missão no Brasil, um País que exerceu extraordinária influência em minha carreira e em minha vida. Deixei-o com imenso pesar, mas fiel ao princípio de que não se deve demorar muito nos lugares onde se é bem recebido. Lá permaneci durante quase cinco anos e já era tempo de cumprir nova missão. Ao deixar o Brasil, estava certo de que esse grande país marchava na direção de seu grande destino, qual o de ser em breve uma das superpotências do mundo. Ele tem tudo para alcançar essa posição.[55]

Apesar de não ter servido oficialmente no Brasil a partir de 1967, depois de 1967, Walters visitou o País diversas vezes e continuou em contato com os amigos brasileiros até 2002, quando esteve no Brasil, uma semana antes de morrer. Seu nome acabou transformando-se numa lenda no Brasil. Perguntado em uma entrevista à TV, em 1998, sobre como gostaria de ser lembrado no Brasil, Walters afirmou:

> Eu gostaria de ser lembrado por ter feito o que pude, como soldado, para manter a paz, porque se o Brasil tivesse sido perdido, não seria uma outra Cuba: seria uma outra China.[56]

---

54 DEPARTAMENTO DE ESTADO, 2004, doc. 214.
55 WALTERS, 1978, p. 406.
56 JORNAL FOLHA DE S. PAULO, 2002.

Capítulo 2 — A formação do missionário

Em Paris, Harriman era o professor, Walters o aluno, e a Europa pós-Segunda Guerra, a sala de aula. (De Rosa)[57]

A preparação

Uma análise da transformação ocorrida na carreira de Vernon Walters, de um observador ou testemunha privilegiada da História, como gostava dizer, para um ator-chave, deve levar em consideração as pessoas que foram essenciais nessa transição. Em sua obra *Poderosos e humildes*, Walters indica militares, estadistas, um rei e quatro papas, além de pessoas do povo, com quem conviveu em mais de meio século de atuação profissional. Dentre esses, pela análise da carreira de Walters, sobressaem-se o general Mark Clark, o presidente Castello Branco, o embaixador Averell Harriman e o presidente Dwight Eisenhower.

O general Mark Clark ajudou a transformar um capitão jovem, ainda inexperiente, num oficial maduro, preocupado com detalhes, capaz de resolver grandes dificuldades. O presidente Castello Branco foi um exemplo para Walters de frieza diante dos maiores perigos na guerra e de seriedade à frente dos destinos de uma nação. Harriman levou Walters a conhecer gente que contribuiria para acelerar e avançar a sua carreira tanto no Exército quanto nas diversas funções que ocupou após seguir para a reserva.[58] E, finalmente, o Presidente Eisenhower foi o responsável pela mudança de paradigma na carreira de Walters.

Junto a essas personalidades, Walters atuou como um aprendiz. Ele observou esses "instrutores" atuando e com eles aprendeu ou aprimorou as técnicas que usaria mais tarde, após a transição de sua carreira. Com eles aprendeu a ser um militar arrojado, um diplomata refinado, um oficial de Inteligência meticuloso, um negociador hábil e, finalmente, um silencioso missionário ideológico.

Mark Wayne Clark

Walters e Mark Clark conheceram-se no final de 1943, quando Walters, então capitão, acompanhava o general Mascarenhas de Moraes e o Estado-Maior da FEB na viagem de reconhecimento que fizeram à Itália. Mark Clark

---

57 DEROSA, 2005, p. 9.
58 WALTERS, 2000, p. 113-121.

era o comandante do V Exército, ao qual se subordinavam militares de várias nações. Mark Clark fez questão de apresentar os brasileiros a representantes dos vários contingentes sob seu comando e não escondeu sua admiração ao ver Walters comunicando-se em diversas línguas européias.

Pouco tempo depois, Walters, no Rio, recebeu ordens para retornar à Itália. Ele seria um dos três ajudantes-de-ordens do general Mark Clark. Refletindo, em seu diário, sobre as vantagens e desvantagens de trocar o Rio pelo Teatro de Operações na Itália, Walters listou, de um lado, a tranqüilidade e o conforto que tinha e, do outro, a oportunidade de ganhar medalhas, ser promovido e viajar. Estas últimas foram mais fortes e ele concluiu: *"Com alguma sorte, ao lado general Clark deverei presenciar muitos eventos históricos"*.[59]

Walters reconheceu que trabalhar como ajudante-de-ordens do general Clark representou uma nova dimensão em sua carreira. Primeiramente porque ele ganhou experiência ao se relacionar com oficiais de elevada patente, e, depois, porque o general Clark era muito rigoroso e exigia bastante de seus ajudantes-de-ordens, o que fez com que Walters se tornasse mais atento aos detalhes e muito mais eficiente em tudo o que fazia.[60]

Em certa ocasião, o general Clark determinou que Walters usasse botas de pára-quedistas e um lenço de seda verde no pescoço, como ele próprio usava. Depois de várias tentativas infrutíferas em conseguir tais itens, Walters procurou um coronel responsável pela logística. O coronel respondeu que não dispunha dessas peças de uniforme nem para atender totalmente o pessoal pára-quedista, mas Walters disse que era ajudante-de-ordens do comandante e que essa era uma determinação do próprio general Clark. O coronel, irritado, perguntou, então, *"por que diabos o general troca tanto de ajudantes-de-ordens"*? Walters afirmou que essa pergunta só o próprio general Clark poderia responder. Ele narra que conseguiu as botas e, em pouco tempo, descobriu por experiência própria o motivo pelo qual o general trocava tanto de ajudantes-de-ordens.[61]

Havia momentos em que Walters sentia-se bastante frustrado com o alto grau de exigência do seu superior e tinha que reler elogios recebidos de outras pessoas para manter a auto-estima em níveis razoáveis:

> O general Clark foi muito aplicado em seus esforços para me fazer consertar meus hábitos de desorganização, meus esquecimentos, meus descuidos e, de modo geral, para melhorar minha

---

[59] WALTERS, 1978, p. 87.
[60] WALTERS, 1978, p. 91-93.
[61] WALTERS, 1978, p. 93.

eficiência. Algumas vezes isso tinha um efeito bastante cansativo e desencorajador. Nunca fui tão modesto como deveria, mas durante esse período de minha vida, eu freqüentemente me deitava em meu saco de dormir e lia, à luz de uma lanterna, minhas comendas e elogios apenas para me garantir que eu não era um completo tolo e que algumas pessoas no mundo pensavam que eu fiz um trabalho bastante razoável.[62]

Algum tempo após o fim da guerra, Walters convidou a filha do general Clark, Anne, para jantar. Ela quis saber por quanto tempo Walters fora o ajudante-de-ordens de seu pai. Walters respondeu que trabalhou com ele por cinco meses. Ela disse, então, que ele foi um dos que duraram mais, mas Walters a corrigiu: *"Não, eu fui o que mais durou"*.[63]

Humberto de Alencar Castello Branco

Em 1943, Vernon Walters e Castello Branco conheceram-se em Forte Leavenworth, durante um curso especial preparado para os oficiais brasileiros que integrariam a FEB. Castello Branco era tenente-coronel, havia cursado a *École de Guerre* francesa e falava francês fluentemente. Por essa época, o português falado por Walters ainda não era o que viria a ser e Castello Branco o ajudava, eventualmente, nas traduções. Eles se tornaram amigos a partir daquele momento, apesar da diferença de idade de 20 anos entre eles.

O próprio Castello Branco, apesar da aparente sisudez, sabia rir de si mesmo e, na intimidade dos amigos, gostava de contar piadas a seu próprio respeito. Roberto Campos recorda-se de uma delas:

> Dizem — relatou Castello — que dei de presente ao general De Gaulle um Volkswagen em que, com sua alentada estatura, não podia entrar. Em revide, ele me presenciou um cachecol. Logo a mim que não tenho pescoço... O que esse pessoal não sabe é que não ter pescoço é uma coisa útil; não se pode, por exemplo, morrer na guilhotina.[64]

Walters admirava a coragem apresentada por Castello Branco nas situações mais arriscadas durante a guerra. Tendo servido como adjunto na Seção de Operações, chefiada por Castello Branco, Walters presenciou situações de grande perigo junto ao brasileiro, observando que aquele sentia medo, como acontece a todos os homens, mas a férrea autodisciplina sempre mantida garantia sua calma imperturbável em tais ocasiões.

---

62 WALTERS, 1978, p. 95.
63 WALTERS, 1978, p. 109-110.
64 CAMPOS, 1994, 563.

Além de se portar dessa forma, Castello Branco exigia o mesmo procedimento por parte dos que trabalhavam com ele. Castello Branco mantinha a calma e mostrava-se decidido apesar dos intensos bombardeios inimigos, das primeiras operações mal sucedidas por parte da FEB, da pressão dos americanos e da inveja de alguns outros oficiais brasileiros, *"que se ressentiam com a imensa confiança que nele depositava o comandante da Divisão"*.[65]

Walters também se referiu à religiosidade de Castello Branco:

> Sem se mostrar ostensivamente religioso, havia uma profunda fibra de crença espiritual em Castello Branco. Em mais de um ano de contato diário com o homem sob a tensão da batalha ou em uns poucos dias de licença em Roma, nunca vi Castello dar um sinal ou ouvi dele palavra alguma que causasse vergonha. A integridade moral do homem era inquestionável.[66]

Terminada a guerra, Walters voltou ao Brasil para exercer a função de adjunto do adido militar. A mãe de Walters passou a residir com ele, no Rio de Janeiro, e tornou-se grande amiga da esposa de Castello Branco, D. Argentina. Em 1948, Walters transferiu-se para Paris, mas manteve o contato com Castello Branco por meio de cartas.

William Averell Harriman

Walters escreveu que Averell Harriman, provavelmente, o ajudou mais em sua carreira que qualquer outra pessoa.[67] De Rosa, avaliando o período em que trabalharam juntos, de 1948 a 1951, escreveu que Walters aprendeu sobre o poder presidencial com Harriman:

> Em Paris, Harriman era o professor, Walters o aluno, e a Europa pós-Segunda Guerra, a sala de aula. Em dois anos, Walters encontrou líderes da Europa e viu bem sucedidas operações de recuperações que moldaram a face da Europa. Essa missão teria um impacto profundo na preparação de Walters em sua carreira na diplomacia.[68]

Walters e Harriman se conheceram durante a Conferência Pan-Americana, que se realizou em Bogotá, em abril de 1948. O major Walters era assistente do adido militar na embaixada americana no Rio e foi convocado

---

64 CAMPOS, 1994, 563.
65 WALTERS, 1978, p. 124.
66 WALTERS, 1978, p. 125.
67 WALTERS, 2000, p. 113.
68 DEROSA, 2005, p. 9.

para atuar como ajudante-de-ordens e intérprete do secretário de Estado, o general George C. Marshall, na Colômbia. Também integrava a delegação americana o então secretário de Comércio, Averell Harriman. Ao descrever esse primeiro contato, Walters escreveu que Harriman teve uma *"influência significativa"* em sua vida.[69]

Antes do término oficial da conferência, Harriman foi designado pelo presidente Truman como representante especial dos Estados Unidos para a administração da cooperação econômica do Plano Marshall de recuperação da Europa. Para tal, seu posto seria o de embaixador-itinerante. Como em Bogotá Harriman descobriu que Walters era versado em francês, alemão, italiano, português e espanhol e ele já tinha testemunhado suas habilidades como analista e soldado corajoso, ele o convidou para que fosse o seu adido militar.

Em entrevista a Deane J. Allen, historiadora da Agência de Inteligência de Defesa, em agosto de 1988, Walters afirmou que Harriman disse as seguintes palavras: *"Eu sou um embaixador itinerante e quero um adido militar itinerante"*.[70] De fato, Walters tornou-se adido militar itinerante junto a Harriman. Walters assim avaliou a situação: *"Acho que eu era, em todo o sistema de adidos, o único major adido mesmo e não apenas um assistente de adido"*.[71]

A função de adido foi fundamental para oferecer a Walters as oportunidades que ele utilizaria como um aprendizado: como tradutor de Harriman ele viajava e participava de encontros e recepções de alto-nível na Alemanha, Grécia, Bélgica, Holanda, Luxemburgo, França e Itália; nesse período, Walters continuou atuando como ajudante-de-ordens e intérprete para outras autoridades americanas, como o general Marshall durante o encontro da Assembléia Geral das Nações Unidas, em Paris; Walters refinou sua capacidade de escrever em línguas estrangeiras, já que o trabalho junto a Harriman frequentemente exigia que ele traduzisse a correspondência recebida e enviada para vários idiomas. Dessa forma, ele estava aprendendo novas e aperfeiçoando as suas próprias habilidades ao observar Harriman atuando em suas relações diplomáticas e comerciais com a elite da Europa.[72]

Junto a Harriman Walters aprendeu, em primeira mão, a tratar temas como finanças, comércio, transporte e agricultura. Walters testemunhou um novo conceito de liderança, oferecido por Harriman, diante do grande desafio que foi

---

69 WALTERS, 1978, p. 151.
70 DEROSA, 2005, p. 9.
71 WALTERS, 1978, p. 189.
72 DEROSA, 2005, p. 22.

o de oferecer ajuda para a reconstrução de países devastados pela guerra. A participação junto a seu chefe de muitas reuniões e recepções diplomáticas serviu para ensinar-lhe etiqueta, que seria indispensável em sua futura carreira. Além disso, foi junto a Harriman que Walters conheceu Lincoln Gordon, em Paris. Como estavam ambos afastados de suas famílias, Walters e Gordon tornaram-se amigos e, poucos anos mais tarde, ao ser designado embaixador junto ao Brasil, Lincoln Gordon solicitou que Walters fosse o seu adido militar.[73]

O período foi realmente rico de oportunidades para Walters, um curso intensivo para transformar sua trajetória profissional. Além das pessoas importantes com as quais passou a se encontrar, ele foi eleito presidente do Conselho de Atividades da Administração para Cooperação Européia, cargo que lhe ofereceu a oportunidade de estabelecer muitos outros contatos sociais.[74]

Em 25 de junho de 1950, com o irrompimento da guerra da Coréia, o presidente Truman designou Harriman seu assistente especial e este convidou Walters para ser seu assistente. Walters declarou que mudar-se para a Casa Branca como assistente de Harriman seria um passo muito útil para um oficial de Inteligência:

> Nessa condição ele pôde observar e auxiliar Harriman a navegar as águas perigosas e imprevisíveis das amizades pessoas, da rivalidade entre diferentes agências, das políticas presidenciais e das relações internacionais. Enquanto o Plano Marshall ensinou importantes lições nos campos da economia, cultura, segurança e relações internacionais, esta missão seria a oportunidade de ensiná-lo a respeito de lealdade, coragem e a política relacionada ao mais alto posto da nação. Cada missão oferecia novas lições e preparava Walters para o seu futuro papel como um estadista sênior.[75]

Em agosto, Harriman recebeu a missão de ir até a Coréia e entrevistar-se com o general MacArthur. Como seu assistente, Walters teve a oportunidade de testemunhar também esta missão. Em outubro, Walters integrou, ainda, a comitiva do presidente Truman com destino à Ilha Wake, onde se deu o famoso encontro do presidente com o general MacArthur. Walters descreveu

---

73 DEROSA, 2005, p. 23.
74 WALTERS, 1978, p. 179.
75 DE ROSA, 2005, p. 30-31.

o evento como sendo um *"encontro de gigantes"*.[76] Nesse período, Harriman envidou os esforços necessários e conseguiu a promoção de Walters a tenente-coronel.

Truman designou o general Eisenhower como o primeiro comandante supremo aliado da Organização do Tratado Atlântico Norte (OTAN). Em janeiro de 1951, Eisenhower conseguiu que Walters atuasse como seu intérprete numa visita preliminar aos países componentes da OTAN. Estava terminando, assim, o período de trabalho direto junto ao seu mestre.

Harriman, ao despedir-se de Walters, presenteou-o com três livros sobre bridge, pois sabia que o general Eisenhower apreciava esse jogo. Em um dos livros, Harriman escreveu: *"Leia este livro atentamente; talvez possa ajudar em sua carreira"*.[77] E, em uma carta, registrou seu conceito a respeito do "aluno": *"Para mim você está no topo como oficial de Inteligência, porque por meio de sua sinceridade você tem a faculdade de ganhar a confiança dos outros, assim como a perspicácia para lidar com aqueles inclinados a serem menos amigáveis"*.[78]

Junto a Harriman, um diplomata experiente, que conhecia verdadeiramente a arte da diplomacia, Walters descobriu o que queria ser: um emissário presidencial — os olhos, os ouvidos e a voz do presidente. O convívio com Harriman serviu como uma lição em Inteligência estratégica, em diplomacia e em política de alto nível.[79] O missionário estava quase pronto.

Dwight David Eisenhower

No dia 17 de dezembro de 1943, Walters e os oficiais brasileiros designados líderes da FEB decolaram do Rio em um B-24 com destino a Nápoles. Em uma escala em Argel, a comitiva se encontrou com o general Eisenhower, tendo Walters relatado que todos ficaram muito impressionados pela sensação de poder e competência que Eisenhower irradiava:

> Os brasileiros e eu tínhamos ficado bastante impressionados pela sua absoluta certeza da vitória. Era uma confiança contagiante, mas totalmente isenta de linguagem bombástica. A missão recebida por ele do comando anglo-americano era invadir a Europa continental e destruir o regime nazista. Cumpriu-a no prazo de dez meses e com o menor número de baixas que se podia esperar.[80]

---

76 WALTERS, 1978, p. 207.
77 WALTERS, 2000, p. 118.
78 DE ROSA, 2005, p. 25.
79 DE ROSA, 2005, p. 67.
80 WALTERS, 2000, p. 44.

Walters com o presidente Eisenhower durante visita ao Congresso brasileiro, em 1960. A fotografia mostra como o presidente americano, acompanhando pelo Coronel Walters, entrou no Palácio Tiradentes sob uma chuva de pétalas de rosas.

Walters with President Eisenhower on a February 1960 visit to the Brazilian Congress. Photo shows the President as he entered Tiradentes Palace, accompanied by Lieutenant Colonel Walters, under a shower of rose petals.

A julgar apenas desse breve encontro, Walters não poderia prever a importância que Eisenhower teria no desenvolvimento de sua trajetória profissional. A partir de 1951, ele integrou o Estado-Maior da OTAN, a convite de seu primeiro comandante supremo, o general Dwight Eisenhower. Nessa função ele permaneceu até 1954, quando foi transferido para Washington e passou a acompanhar o presidente Eisenhower, como seu intérprete desde 1955 até 1960. Walters descreveu que, para ele, essas viagens foram *"oportunidades extraordinárias para aprender muitas coisas e para observar um verdadeiramente grande americano em ação em prol de seu país e da paz"*.[81]

Pouco se sabe a respeito das atividades de Walters nesse período e de seu relacionamento com o presidente Eisenhower, exceto por uma breve narrativa

---

81 WALTERS, 1978, p. 309.

do próprio Walters em seu livro *Poderosos e humildes*.[82] Seus diários pessoais durante esses anos não estão disponíveis. Os diários manuscritos que integram o seu acervo pessoal, na coleção do NDIC, têm início no ano de 1966. Para o anos antes disso, há apenas notas esparsas cobrindo os anos de 1960 e 1961. No entanto, as correspondências trocadas entre Walters e Eisenhower sugerem respeito e afeição entre eles.

Um exemplo inequívoco da grande consideração que Eisenhower tinha com relação a Walters aparece em uma carta em que o ex-presidente escreveu ao já adido de Defesa em Paris, em 1968. Eisenhower encerrou a carta da seguinte forma:

> Até onde estou informado, a vaga de nosso embaixador na França ainda não foi preenchida. O presidente (Johnson) esteve em minha casa outro dia e se eu tivesse me lembrado disso teria sugerido a ele que lhe designasse embaixador, como uma missão adicional.[83]

Esse comentário é, a seu modo, o reconhecimento do trabalho que Walters realizou no Brasil.

Eisenhower, ainda durante sua presidência, percebeu quando chegou o momento de uma grande transformação na carreira de Walters. Ele deveria deixar de ser um personagem secundário para outros. Mais que apenas perceber isso, no início de 1960, decidiu por designá-lo adido militar em Roma. Ao deixar a Casa Branca, o presidente escreveu uma carta a Walters, que já se encontrava na Itália, agradecendo-o pelos serviços a ele prestados:

---

82 WALTERS, 2000, p. 43-49.

83 Carta do presidente Eisenhower ao general Vernon A. Walters, 22 fev. 1968, enviada de Índio, Califórnia, a Paris. O original pertence à coleção de documentos de Walters no NDIC.

Caro Dick,

Antes de deixar a Casa Branca, eu gostaria de mais uma vez tentar expressar a você minha profunda gratidão por oferecer-me tão gentilmente seus imensos talentos sempre que precisei e solicitei sua ajuda. O serviço que você me ofereceu foi inestimável — não apenas porque você é um perito nas várias línguas que domina, mas também por conta da sua compreensão inteligente dos problemas e da história dos vários países que visitamos juntos...

Por favor, dê lembranças minhas à sua mãe e a você, claro, meu caloroso obrigado e minha admiração pessoal.

Como sempre, seu amigo

Assinado Dwight D. Eisenhower.[84]

Walters reconheceu que havia ido tão longe quanto lhe permitia a função de intérprete. Chegara o momento de ser ele próprio um ator importante. Ele continuaria a usar os vários idiomas, mas eles não mais seriam tudo o que era necessário para cumprir suas missões. Eisenhower compreendera a importância dessa transição e ajudou Walters a realizá-la.

Finalmente, não se pode afirmar que Walters tenha desenvolvido uma amizade tão próxima de Eisenhower como a que manteve com Harriman e Castello Branco. No entanto, verifica-se que muitos dos conhecidos hábitos do ex-presidente, como os de se manter em contato com colaboradores e amigos por meio de cartas e notas de agradecimento, assim como sua forma de representar os interesses americanos em encontros com líderes estrangeiros, muitos dos quais presenciados por Walters, não passaram desapercebidos e foram incorporados por esse comunicador consumado.

---

[84] Da coleção de documentos de Walters, arquivos do NDIC. Por favor, ver fac-símile da carta na versão em inglês deste livro.

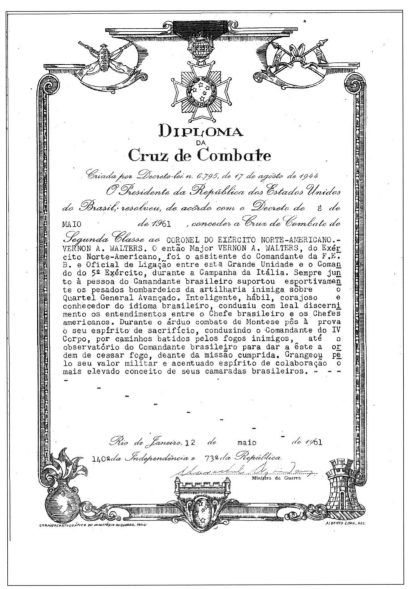

DIPLOMA
DA
Cruz de Combate

Criada por Decreto-lei n. 6.795, de 17 de agôsto de 1944

O Presidente da República dos Estados Unidos do Brasil, resolveu, de acôrdo com o Decreto de 8 *de* MAIO *de 1961 , conceder a Cruz de Combate de Segunda Classe ao* CORONEL DO EXÉRCITO NORTE-AMERICANO.- VERNON A. WALTERS. O então Major VERNON A. WALTERS, do Exér cito Norte-Americano, foi o assitente do Comandante da F.E. B. e Oficial de Ligação entre esta Grande Unidade e o Coman do do 5º Exército, durante a Campanha da Itália. Sempre jun to à pessoa do Camandante brasileiro suportou esportivamen te os pesados bombardeics da artilharia inimiga sôbre o Quartel General Avançado. Inteligente, hábil, corajoso e conhecedor do idioma brasileiro, conduziu com leal discerni mento os entendimentos entre o Chefe brasileiro e os Chefes americanos. Durante o árduo combate de Montese pôs à prova o seu espírito de sacrifício, conduzindo o Comandante do IV Corpo, por caminhos batidos pelos fogos inimigos, até o observatório do Comandante brasileiro para dar a êste a or dem de cessar fogo, deante da missão cumprida. Grangeou pe lo seu valor militar e acentuado espírito de colaboração o mais elevado conceito de seus camaradas brasileiros. - - -

Rio de Janeiro, 12 *de* maio *de 1961*
140º *da Independência e* 73º *da República.*

Ministro da Guerra

CARTOTOCARTOGRÁFICO DO MINISTÉRIO DA GUERRA. 1944   ALBERTO LIMA. DES.

Diploma da Cruz de Combate.

Citation for the Combat Cross Award.

De Novo com Castello Branco

Quando voltou ao Brasil, em 1962, Walters retomou os contatos pessoais com Castello Branco, que então comandava o IV Exército em Recife. Algum tempo depois, Castello Branco assumiu a chefia do Estado-Maior do Exército e voltou a residir no Rio de Janeiro, o que fez com que os encontros entre ambos se tornassem mais freqüentes. Walters escreveu que essa amizade não permitia o acesso a informações privilegiadas:

> Era um homem de inteligência brilhante, extraordinariamente bem informado em assuntos políticos e sociais, altruísta e dedicado como qualquer outro que jamais conheci. Nunca falou mal do Presidente Goulart, nem sequer discutiu comigo qualquer atitude que pudesse ter em mente. Minhas informações referentes a suas ações provinham de outras fontes.[85]

Um dos poucos comentários a respeito de política interna que Castello Branco fez a Walters aconteceu no dia 13 de março de 1964. Walters estava na residência de Castello Branco assistindo pela televisão ao comício que Goulart realizava em frente ao Ministério da Guerra. Por toda a parte podiam ser vistos os emblemas com a foice e o martelo e os discursos eram inflamados. Castello Branco desligou a televisão e disse ao amigo, com ar grave: *"Este homem, quando terminar seu mandato, não vai passar o governo".* [86]

Com a deflagração do movimento militar, em 31 de março de 1964, Castello Branco foi eleito presidente por uma sessão conjunta do Congresso Nacional. No dia da posse, Castello almoçou a sós com Walters. Walters levou um abacaxi esculpido em madeira como presente para Castello Branco e disse-lhe que, como presidente, ele teria de segurar o maior abacaxi do país. Ele respondeu:

> Quando casei com a Argentina, ela era jovem, bonita e pertencia a uma grande família. Eu era um pobre tenente moço e tudo o que lhe podia proporcionar com o nosso casamento seria o oferecido pela minha carreira. Agora que alcancei tudo o que um homem pode sonhar, exceto a salvação de sua alma imortal, ela não está mais ao meu lado para me ajudar a suportar tal responsabilidade esmagadora.[87]

---

85 WALTERS, 2000, p. 219.
86 WALTERS, 1978, p. 383.
87 WALTERS, 2000, p. 220.

O próprio almoço entre os dois foi distorcido pela mídia. Os jornalistas acusaram que o recém-empossado presidente estava recebendo as instruções dos *"imperialistas ianques"*.[88]

Quanto a insinuações da imprensa de uma possível influência de Walters sobre o seu amigo Castello Branco, Walters escreveu:

> Houve muitos boatos, todos naturalmente falsos, de que eu o havia incentivado a assumir a liderança dos conspiradores para a derrubada de Goulart. Castello Branco era um brasileiro orgulhoso de seu país e, se eu ou qualquer outro estrangeiro lhe fizesse tal insinuação, ele a teria rejeitado com indignação. No meu caso, nossa amizade teria terminado. Eu estava bem ciente disso e jamais tentei influenciá-lo ou obter informações de sua parte. O valor que eu dava àquela amizade não permitia tal risco.[89]

Ao deixar a presidência, ao fim de seu mandato, Castello Branco convidou Walters para jantar no Hotel Nacional, em Brasília. Walters alertou o presidente de que a imprensa o criticaria por isso, ao que Castello Branco respondeu: *"Acusam-me de tê-lo convidado para o primeiro almoço; agora, todos eles podem dizer que você também lá estava no 'último jantar' "*.[90]

Em 14 de março de 1967, Castello Branco ofereceu uma fotografia sua a Walters com os seguintes dizeres:

> Walters: Aqui renovo a minha estima a você, ao bravo camarada na guerra e ao amigo de sempre na paz, e que faz o brilho da inteligência e os melhores sentimentos a serviço do Brasil.[91]

Na noite em que Walters deixou o Brasil com destino a sua próxima missão, Castello Branco, que já havia deixado a Presidência da República, foi até o porto para se despedir. Aquela foi a última vez em que se viram. Quando tomou conhecimento da morte de Castello Branco, algum tempo depois, Walters servia no Vietnam e escreveu uma carta de Saigon ao general Arthur Moura, que servia no Brasil, manifestando-se com pesar pela perda do amigo:

> ... Fiquei consternado e profundamente abalado com a morte do meu caro amigo e companheiro da guerra o marechal Castello Branco. Com ele o Brasil, as Américas e a liberdade humana

---

88 WALTERS, 2000, p. 221.
89 WALTERS, 1978, p. 381-382.
90 WALTERS, 2000, p. 221.
91 WALTERS, 2000, p. 222 (fotos).

perderam um grande homem. Sempre o recordarei como um dos homens mais nobres e íntegros que tive a honra de conhecer em toda a minha vida. Domingo passado na pequena cidade de Sace, no delta do Mekong, pedi ao capelão para rezar uma missa para ele durante a qual comunguei pelo repouso de sua alma. Assim, ele foi lembrado nesta terra ensangüentada, na qual a juventude dos Estados Unidos defende a mesma liberdade para qual ele fez tanto. Durante a missa o troar da artilharia podia ser perfeitamente ouvida e lembrei as tantas missas que assisti com ele na Itália com o mesmo acompanhamento. Espero que você tenha tido a oportunidade de entregar meus telegramas ao Paulo e à Nieta.[92]

O trabalho de Walters junto ao general Clark, a Castello Branco e a Harriman, além de tantos outros "mestres", foi uma preparação, uma escola invisível, onde ele "estudou" matérias não oferecidas nem mesmo nas melhores escolas militares. O seu "curso" foi voltado, essencialmente, para a área de contato entre as atividades militar, diplomática e de Inteligência. Ele criou e desenvolveu habilidades para aproveitar ao máximo o resultado da sinergia entre essas três áreas.

---

92 Paulo e Nieta são os filhos de Castello Branco. Cópia da carta, datada do dia 25 de julho de 1967, foi gentilmente cedida pelo general Moura ao autor.

Capítulo 3 — Poderosos produtos de seu tempo

As circunstâncias da Guerra Fria, e o entendimento comum daquelas circunstâncias, encorajaram homens bons a tomar certas decisões — para o melhor ou para o pior. Eles não foram ferramentas de seu tempo, mas foram poderosos produtos dele. (Suri)[93]

Conhecidas as pessoas que tiveram destacada importância em sua preparação profissional, deve-se buscar compreender as circunstâncias em que Vernon Walters atuou e encontrar precedentes e paralelos para o que ele realizou. Assim, pode-se indagar: há precedentes na história recente de pessoas que conseguiram integrar com sucesso as atividades militar, diplomática e de Inteligência?

Em busca de precedentes: a difícil sinergia entre militares e diplomatas

Nos Estados Unidos, a discussão em torno da necessidade de equilíbrio entre as atividades militares ("hard power")[94] e diplomáticas ("soft power") é antiga e permanece bastante acalorada. A assimetria que geralmente favorece o *hard power* fica clara na destinação do orçamento anual para as duas áreas. A previsão de gastos com os militares, para o ano fiscal de 2009, é de 515 bilhões de dólares (não incluída a suplementação para as guerras no Iraque e no Afeganistão) e com o serviço exterior a cifra prevista é de apenas 38 bilhões de dólares.[95]

A integração do militar com a diplomacia, exemplificado por Walters e outros, queda relevante em sentido estratégico. Recentemente, o secretário de Defesa e o Presidente dos Estados Unidos recomendaram um incremento no efetivo de oficiais diplomáticos do Departamento de Estado, o que permitiria a liberação de outros funcionários para o estudo de idiomas e o estudo em colégios militares, para um trabalho melhor coordenado com os militares.[96]

---

92 Paulo e Nieta são os filhos de Castello Branco. Cópia da carta, datada do dia 25 de julho de 1967, foi gentilmente cedida pelo general Moura ao autor.

93 SURI, 2005, p. 7.

94 *Hard power* refere-se ao poder nacional que vem de meios militares e econômicos, em contraste com o *soft power*, que é o poder, geralmente ideológico, exercido por meio da diplomacia, para promover preferências culturais e históricas. Os termos foram cunhados pelo teórico das Relações Internacionais Joseph Nye.

95 GOVERNMENT PRINTING OFFICE, 2008.

96 THE CHRISTIAN SCIENCE MONITOR, 2008.

Essa associação entre o esforço militar e diplomático foi implementada por Vernon Walters, na embaixada dos EUA em Brasil, no período de 1962 a 1967. Como militar experimentado, ele compreendeu a importância de se ganhar mentes e corações por meio do estabelecimento de vínculos sociais. Apesar de ter dito que os conflitos violentos foram por muitos anos o tecido de sua vida,[97] a arma principal que utilizou ao longo de sua carreira, seja como militar, intérprete, diplomata, emissário presidencial ou oficial de Inteligência, foram as idéias ou a manifestação sensível delas: as palavras. Peter Adams, seu sobrinho, afirmou que Walters era um verdadeiro *"wordsmith"*, um artífice das palavras. As palavras, a argumentação e o convencimento são as ferramentas do diplomata.[98]

Em busca de um precedente para Walters, como um integrador de *hard* e *soft power*, ou seja, de alguém que tenha compreendido a importância dessa sinergia, vamos encontrar no diplomata Robert Murphy[99] um bom exemplo.

Por mais de vinte anos antes de 1940, Murphy foi um servidor comum do Departamento de Estado, galgando os postos da carreira normalmente até chegar a conselheiro da embaixada em Paris. Sua carreira teria terminado assim, sem nada espetacular, não fosse a derrota da França para os alemães. A natureza de suas missões sofreu uma mudança abrupta a partir desse momento. O presidente Roosevelt o convocou para uma conferência privada na Casa Branca e o transformou de um diplomata convencional em um representante pessoal do presidente na África francesa.[100]

A missão inicial, que era avaliar a possibilidade de obter o apoio do império francês na África numa guerra contra os nazistas, ampliou-se para quatro anos extraordinários, período no qual Murphy se engajou nos preparativos para os desembarques aliados no continente africano — a primeira operação de combate importante dos americanos na Segunda Guerra. Ele ainda realizou outras missões secretas bem sucedidas.

Todo o seu trabalho exigia próxima associação com os militares, tanto americanos quanto estrangeiros. Por ter se transformado em agente escolhido do presidente Roosevelt, tendo suas missões a cumprir, Murphy não deu muita atenção ao distanciamento normalmente existente entre os militares e os diplomatas. Ele fez o contrário ao estabelecer uma "operação combinada"

---

97 WALTERS, 19—(a), p. 3.
98 Entrevista ao autor em 17 de dezembro de 2007.
99 MURPHY, 1964.
100 MURPHY, 1964, p. 67, 105-106.

entre os dois segmentos e a esse tipo de cooperação dedicou o restante de sua carreira. O título de sua autobiografia faz referência a esse aspecto de sua trajetória profissional: *"Diplomata entre guerreiros"*.

Em razão de sua habilidade em se relacionar com soldados americanos, britânicos e franceses, sua atuação na África abriu caminho para missões similares em preparação para a invasão da Itália, na campanha final de conquista da Alemanha e posteriormente na zona de ocupação americana em Berlim. Por suas missões secretas e suas habilidades como emissário presidencial, Murphy foi chamado pela revista *Time* de *"o bombeiro diplomata mais rápido e mais habilidoso do mundo"*.[101]

Traçando paralelos

O precedente estabelecido por Robert Murphy, de implementar políticas por uma bem manejada sinergia entre os militares e diplomatas, contribui para uma melhor compreensão da dimensão do trabalho desenvolvido por Walters, no entanto, há ainda outras características deste último que merecem ser exploradas. Essas características serão analisadas também sob a lente da comparação com os feitos de outra personalidade central à Guerra Fria.

Para traçar esse paralelo, alguns aspectos relativos à trajetória profissional de Vernon Walters foram colocados em perspectiva: o momento histórico em que viveu, com preponderância para a Segunda Guerra e a Guerra Fria; a improbabilidade do sucesso, em seu caso devido à incompleta formação escolar; o talento especial (a aptidão para o domínio de idiomas e a memória prodigiosa, por exemplo), que supria as deficiências na formação escolar; a capacidade de criar e de manter vínculos sociais; o acesso ao principal núcleo de poder, com capacidade de exercer algum tipo de influência; e o fato de ter sido simultaneamente o alvo de críticas e de homenagens, permanecendo simultaneamente no centro de controvérsias.

Considerado o cenário oferecido pela Segunda Guerra e pela Guerra Fria, vários nomes apresentam-se para esse paralelo. No entanto, o do ex-secretário de Estado Henry Kissinger destaca-se por vários motivos. Aparentemente, o sucesso de Kissinger seria bem pouco provável: sendo alemão, judeu e imigrante, ele alcançou o mais alto posto da diplomacia americana e tornou-se ator de grande influência no cenário mundial da segunda metade do século XX. Kissinger também passou pelo Exército americano, trabalhou na atividade de Inteligência e participou do esforço de reconstrução civil da Europa no pós-Guerra. Assim como o nome de Walters no Brasil, o de Kissinger está

---

101 REVISTA TIME, 1958.

envolvido por uma aura de críticas, assim como de honrarias, em âmbito global, sendo que ele é duramente criticado por suas políticas com relação ao Vietnã, Camboja, Chile e Angola, por exemplo.[102]

Os primeiros anos de vida

Henry Kissinger nasceu na cidade alemã de Fürth, na região da Bavária, no dia 27 de maio de 1923, sendo seis anos mais novo que Walters. Filhos de uma relativamente próspera família, Henry e seu irmão Walter tiveram acesso a boa educação e provavelmente teriam melhores perspectivas sociais que outros jovens em Paris, Londres ou mesmo Nova York naquela época. Os jovens Kissinger freqüentavam escolas públicas, onde estudavam Goethe, e, em casa e na sinagoga, aprendiam o Talmude. Por serem ortodoxos, não eram completamente assimilados pela sociedade, apesar de se considerarem alemães por inteiro em sua identidade nacional, profissional e cultural. Essa sensação de serem "outsiders" naquela sociedade era realçada pelo fato de o pai, o professor Louis Kissinger, ter sido excluído do serviço militar durante a Primeira Guerra Mundial. Apesar disso, era possível uma certa identidade cultural, que dava às pessoas estatura e maturidade. Por essa razão, o lar dos Kissinger era repleto de clássicos da literatura alemã e a família possuía também um piano. Essa aspiração a patamares mais elevados de cultura lhes permitia uma relativa transcendência das circunstâncias em que estavam inseridos. Os Kissinger e seus vizinhos, aos buscarem esses valores, procuravam um diálogo com os valores culturais representados por Goethe, Schiller e Wagner.[103]

O pai de Walters era um vendedor de seguros inglês e sua mãe era descendente de irlandeses. Walters, dos 6 aos 16 anos de idade, viveu na França e na Inglaterra, onde estudou em escolas católicas. Ele utilizou o tempo em que viveu na Europa para se encharcar nos idiomas estrangeiros como uma esponja e adquirir uma facilidade para aprender novas línguas que assombrava a todos, conforme descreveu o embaixador Hugh Montgomery.[104] Nesse período, ele se tornou fluente em francês, italiano, alemão e espanhol. Mais tarde, no Exército, ele aprendeu o português, o russo e o holandês. De volta aos Estados Unidos, em 1933, seu pai enfrentava sérios problemas financeiros e o jovem Vernon deixou a escola e arranjou um emprego como mensageiro, inicialmente, e, devido às suas habilidades lingüísticas, logo se tornou um investigador de seguros da firma London Guarantee and Accident Company de New York City. Walters escreveu que o trabalho era interessante porque ele

---

102 SURI, 2007, p. 5 e 6.
103 SURI, 2007, p. 26-30.
104 MONTGOMERY, 2004, p. 9.

podia falar em muitas línguas com os clientes estrangeiros, mas aquilo não era o que ele esperava fazer na vida.[105]

No ano em que Walters retornou aos Estados Unidos, o Partido Nazista assumiu o poder na Alemanha e o anti-semitismo, que ocorria de forma isolada, tornou-se política de governo. Louis Kissinger foi proibido de lecionar no colégio público em Fürth e só conseguiu arranjar emprego em escolas religiosas judaicas. O boiocote aos negócios dos judeus rapidamente cedeu lugar a manifestações explícitas de violência e perseguição. O jovem Kissinger foi testemunha dessa violência por cinco anos até que em 1938 sua família se mudou para Nova York.

A mudança social foi drástica. Paula, a mãe de Henry e Walter, arranjou um emprego de doméstica e os dois jovens arrumaram empregos para ajudar na despesa do lar. Toda essa situação de anti-semitismo, violência e degredo poderia servir de base para explicar algumas das políticas adotadas por Kissinger anos mais tarde, mas ele sempre negou que esses primeiros anos pudessem ter qualquer relação com sua atuação pública posterior:

> Eu não era conscientemente infeliz. Eu não sabia exatamente o que estava acontecendo. Para as crianças, aquelas coisas não eram tão sérias. Agora é moda explicar tudo psicanaliticamente, mas deixem-me dizer, as perseguições políticas de minha infância não são o que controlam a minha vida.[106]

Diferentemente de Kissinger, Walters reconheceu a influência que sua infância, principalmente no que se refere à vivência na Europa e ao aprendizado de idiomas, exerceu no desenvolvimento de sua vida.

> O conhecimento desses idiomas influiu em toda a minha vida de incontáveis formas, durante o meio século de serviço prestado ao Governo. Os dotes lingüísticos levaram-me a muitos lugares e missões estranhas e a mais de cento e quarenta países. Permitiram-me conhecer e visitar repetidamente muitas personalidades estrangeiras importantes e deram-me acesso a inúmeras figuras chaves da moderna história norte-americana. Mas também me ensejaram entrar em contato e conversar com muita gente humilde do mundo que, às vezes, mostrava-se mais fascinante do que muita figura do lado "importante".[107]

---

105 WALTERS, 1978, p. 5
106 SURI, 2007, p. 48.
107 WALTERS, 2000, p. 13.

O ingresso na vida militar

Kissinger alistou-se no Exército no início de 1943, quando de uma só vez se afastou de sua família, da comunidade judaica ortodoxa e dos amigos alemães. Ele recebeu seus primeiros treinamentos em Camp Croft, na Carolina do Sul, para onde foram levados recrutas de várias partes do país, sendo que muito poucos eram alemães ou judeus. A intensidade dos treinamentos levava o secularismo público a ultrapassar os limites da religiosidade privada, que haviam sido uma realidade para Kissinger em Fürth e em Nova York até então. O Exército não respeitava o Sabá nem os feriados judaicos e os refeitórios não ofereciam comida *kosher*. Os jovens judeus se viram "comendo presunto pelo Tio Sam".

Kissinger reconheceu que *"a coisa significante a respeito do Exército é que ele me fez sentir como um americano. Foi um processo de americanização. Pela primeira vez eu não estava entre alemães. Ganhei confiança no Exército"*. Seu irmão Walter, que também se alistou, reconheceu que o militarismo *"abriu um novo mundo para nós, um que nossos pais não podiam compartilhar nem entender"*.[108]

Kissinger se naturalizou em março de 1943, seis semanas após o alistamento militar. Esse fato foi de grande significado para ele, que, sessenta anos depois, escreveu: *"Eu nunca me senti como um estrangeiro... Na verdade, perdi meu sotaque quando estava no Exército"*.[109] É questionável, todavia, que Kissinger tenha perdido completamente seu sotaque alemão. O próprio Walters, ao escrever sobre Kissinger, como um dos Poderosos com os quais conviveu, lembra-se desse seu sotaque alemão e acresenta que o irmão de Kissinger falava um inglês sem qualquer sotaque.[110]

Ao ingressar no Exército, Walters imaginou que sua experiência na Europa e o fato de falar vários idiomas iam assegurar-lhe uma posição de destaque imediatamente. No dia 2 de maio de 1941, ao apresentar-se recebeu o código 0506, que imaginou ser referência a algum posto de oficial:

> A certa altura, o sargenteante ficou muito impressionado, ao ver que eu falava várias línguas, e foi procurar o major, um sujeito muito impressionante, ou pelo menos me pareceu que era. O major fez várias perguntas a respeito de minha vida na Europa e dos idiomas que eu falava. Naquele tempo, inúmeras pessoas eram admitidas nas Forças Armadas, às vezes em postos

---

108 SURI, 2007, p. 58.
109 SURI, 2007, p. 59.
110 WALTERS, 2000, p. 129.

elevados. Cheguei a suspeitar que eles me ofereceriam o posto de tenente-coronel em Informações. Como eu sentia que em breve estaríamos em guerra e que todos devíamos fazer algum sacrifício, decidi que, se me oferecessem o posto de major, eu aceitaria.[111]

Contrariamente às suas previsões otimistas, Walters descobriu que o tal código se referia a uma posição um pouco mais modesta: soldado motorista de caminhão. Quando ficou sabendo dessa posição em que deveria iniciar sua carreira militar, ele imaginou que alguém deveria ter cometido um erro. *"Com certeza, com todas as línguas que falo e tendo vivido na Europa todo aquele tempo, eles não iriam fazer isso comigo"*,[112] mas fizeram.

A atuação na atividade de Inteligência

Ao final de 1944, Kissinger servia na 84ª Divisão de Infantaria e, por conta de seu domínio da língua alemã foi inicialmente transferido para a Divisão de Inteligência e, pouco tempo depois, para a Contra-Inteligência, com a missão de prender nazistas, extrair informações deles, e ajudar na ocupação da Alemanha. O historiador Jeremi Suri escreveu que a mesa tinha virado muito rapidamente. O exilado havia retornado à sua pátria com poderes de punir os que o haviam banido. E isso não aconteceu por acidente.

William Donovan, o chefe da OSS,[113] havia pressionado o Exército e outras instituições militares norte-americanas a promover imigrantes judeus alemães. Ele reconhecia a contribuição potencial deles para a ocupação da Alemanha. Em abril de 1943, Donovan escreveu ao Chefe do Estado-Maior assistente do Exército endossando o recrutamento desse *"pessoal especialmente qualificado"* para as atividades de Inteligência. Como Kissinger, havia muitos outros refugiados no esforço de ocupação da Alemanha. Eles eram os guias, tradutores e intérpretes para os militares americanos, que estavam pisando em território estranho.

Para Suri, a passagem de Kissinger pela Contra-Inteligência ofereceu-lhe uma posição privilegiada. Ele teve acesso a personalidades e instituições que iriam promover a sua carreira, no entanto ele manteria seu status como um *outsider*. O que era essencial é que Kissinger tinha uma habilidade de ligar sociedades em ambos os lados do Atlântico. Essa qualidade é o que caracterizava como sendo "especialmente qualificado", no sentido de Donovan.[114]

---

111 WALTERS, 1978, p. 6.

112 WALTERS, 1978, p.7.

113 O Office of Strategic Services foi o órgão de Inteligência norte-americano antecessor da CIA.

114 SURI, 2007, p. 70.

Também Walters, em razão de seus antecedentes na Europa e do fato de dominar vários idiomas, foi logo empregado na atividade de Inteligência. O próprio Walters narra um episódio que teria sido o seu batismo na atividade ainda durante o curso de formação no Forte Ethan Allen. Ele foi procurado no acampamento por um agente do *Federal Bureau of Investigation* (FBI), que lhe solicitou que se infiltrasse junto a um grupo de alemães suspeitos de estarem passando informações por rádio a submarinos alemães. A missão foi desempenhada a contento do FBI, que enviou uma carta de recomendação ao comando da Unidade de Walters, o que, segundo ele, causou uma impressão favorável no seu comandante.[115]

Depois de asistir ao curso de oficiais, seu primeiro posto como oficial foi na recém-criada 85ª Divisão em Camp Shelby, Mississipi, onde, além de comandar um pelotão, era encarregado da Seção de Informações, função normalmente exercida por capitães ou majores.

Logo depois, Walters foi transferido para o Centro de Treinamento em Inteligência Militar em Camp Ritchie, Maryland. Mais tarde ele escreveria:

> Camp Ritchie abrigava um extraordinário grupo de oficiais e soldados, todos com certo grau de conhecimento de idiomas e de informações. Eram raros os que falavam inglês sem sotaque. Quase todos haviam estado no estrangeiro ou eram imigrantes ou refugiados, sempre com algum conhecimento de outros idiomas.[116]

Walters foi designado para a Seção Francesa. Seu talento lingüístico estava finalmente dando-lhe alguma distinção.

No dia 8 de outubro de 1942, o navio U.S.S. Lyon zarpou dos EUA com destino à costa do Norte da África. Walters estava a bordo e iria tomar parte na guerra pela primeira vez. O desembarque se deu próximo à cidade de Safi, no Marrocos. A principal atividade de Walters na operação foi interrogar os prisioneiros em suas próprias línguas. No decorrer dessa missão, ele foi promovido a primeiro-tenente.

Como fora o único oficial que havia interrogado prisioneiros em três línguas — alemão, francês e italiano —, ele recebeu ordens de voltar aos Estados Unidos e ensinar a matéria de interrogatório de prisioneiros de guerra em Camp Ritchie. Encontrar um transporte de volta aos Estados Unidos não foi uma tarefa fácil. Depois de aguardar por muitos dias, ele pôde finalmente voar — no sitio de artilheiro de abajo em um B-17 de Gibraltar até Londres. Em suas memórias, Walters descreve essa viagem:

---

115 WALTERS, 1978, p. 13, 15.
116 WALTERS, 1978, p. 18.

Decolamos de Gibraltar antes do clarear do dia, passamos por cima do Estreito e rumamos para oeste, sobrevoando as costas da Espanha e de Portugal na altura da Ponta de Sagres, onde o Infante D. Henrique planejou algumas das grandes viagens dos descobrimentos portugueses. Vimos Setúbal e a Foz do Tejo, embora Lisboa estivesse encoberta pelas nuvens. Não imaginava então o papel que Portugal e seu idioma desempenhariam em minha próxima missão e mesmo em minha carreira daí por diante.[117]

Walters completou a viagem de retorno aos Estados Unidos a bordo do navio Queen Elizabeth. De volta a Camp Ritchie, ele foi encarregado do Departamento Italiano de Interrogatório de Prisioneiros de Guerra. Nessa função, ele tinha que proferir uma palestra com duração de três horas para cada turma de alunos, quando descrevia como seu grupo de Inteligência fora organizado e empregado no Norte da África. Essas missões foram o embrião para a habilidade que Walters desenvolveu de entreter as platéias.[118]

Merece destaque o fato de que também Kissinger, após servir como administrador militar em cidades alemãs, foi designado para atuar como instrutor em uma escola de treinamento em Inteligência. Em abril de 1946, o Exército o transferiu para a Escola de Inteligência do Comando Europeu, localizada na cidade de Oberammergau, na paisagem alpina do sul da Baviera, onde instruiu soldados aliados a respeito da sociedade alemã. Nessa época, o jovem Kissinger ainda não tinha um diploma universitário mas já ensinava oficiais mais antigos e com maior grau de escolaridade do que ele. Em maio de 1946 ele oficialmente deixou o Exército americano e se juntou imediatamente à Escola de Inteligência como um instrutor civil.

Ganhando mentes e corações

Outro ponto de contato entre Kissinger e Walters foi a inegável capacidade de ambos em desenvolver e manter relacionamentos sociais de uma variedade grande. Suri narra que, na Alemanha ocupada, em vez de organizar rondas policiais para localizar e prender nazistas, Kissinger operava por meio de interações pessoais e contatos sociais. Em 1945, dadas as suas habilidades administrativas, sua seriedade política e seu conhecimento da sociedade alemã, com apenas 21 anos de idade Kissinger foi nomeado administrador militar da cidade de Krefeld, uma comunidade com cerca de 200.000 habitantes, localizada às margens do Rio Reno. Kissinger costumava oferecer eventos sociais

---

117 WALTERS, 1978, p. 57.
118 ALLEN, 2002.

em sua casa para estreitar laços de trabalho com o prefeito da cidade, com o chefe da polícia e outros que poderiam ajudar a reconstruir a região.[119]

Em 1947, Kissinger, com 24 anos de idade, retornou aos Estados Unidos como um condecorado herói de guerra. Ele trazia na bagagem três bens valiosos: sua experiência militar, sua familiaridade com a sociedade alemã, e sua mente poderosa. Ele ainda não tinha acesso a uma rede social influente ou a uma posição de tomada de decisão política. Esse acesso viria com o tempo em Harvard, onde Kissinger ingressou como aluno e permaneceu como professor, e na Universidade da Guerra Fria. Amigos de Kissinger, na época de faculdade, descreviam-no como sendo uma pessoa muito séria todo o tempo, mas bastante desatento ao que acontecia à sua volta e sem empatia com as pessoas com as quais convivia. Muito tímido, ele não chegou a fazer amizades duradouras com outros estudantes e sempre mantinha um ar de suspeita contra todos.[120]

Esses traços de personalidade voltados para a introspecção, contudo, não impediram que Kissinger fosse reconhecido pelo quadro docente de Harvard por sua mente notavelmente poderosa, capaz de processar enormes quantidades de informações, de formular argumentos convincentes e de aplicar proposições complexas a problemas práticos. Isso fez com que ele, ainda aluno da graduação, merecesse a confiança de seus mentores para gerenciar vários programas de intercâmbio na escola. Em 1950, já no primeiro ano de seu doutorado em Harvard, Kissinger ajudou a conceber e a gerenciar o "Seminário Internacional", que se tornou um dos primeiros e mais influentes centros para a formação de uma rede de intelectuais e líderes políticos da Guerra Fria.

O conceito desse seminário, enfatizando o novo papel dos EUA como os defensores da civilização ocidental e os líderes de um mundo transatlântico pós-guerra, ganhou logo a atenção da CIA e de outras agências de Inteligência, que se interessaram em monitorar o seminário, mas não forçaram qualquer modificação em sua estrutura. O leque de participantes abrangia mandatários de países como Japão, Bélgica, Turquia, Malásia e Israel, embaixadores, diretores de grandes corporações e intelectuais de vários países, principalmente da Europa e Ásia. À época, já diretor do seminário, Kissinger estava no centro dessa rede. Ele era quem tinha mais contato com os outros participantes do seminário e continuou a manter o contato com aqueles participantes por meio de cartas e de encontros até décadas após o seminário. O objetivo do seminário não era "americanizar" os convidados nem "europeizar" os anfitriões.

---

119 SURI, 2007, p. 68.
120 SURI, 2007, p. 110.

Era, sim, criar um grupo das elites da Guerra Fria, e forjar uma identidade coletiva como protetores da civilização Ocidental contra um mundo ameaçador.

Para relatar uma idéia da posição proeminente que Kissinger passou a ocupar após o seminário, o economista Thomas Schelling, um participante que mais tarde foi ganhador do Prêmio Nobel, certa vez comentou com Kissinger que estava viajando para a Grécia a passeio com a esposa. Kissinger ofereceu-lhe o nome de um contato seu naquele país. Schelling surpreendeu-se com a influência daquele contato, que arranjou ao casal um carro com motorista, um barco para visitar algumas ilhas e, um ano depois, o convidou para voltar à Grécia para proferir uma conferência e encontrar-se com a família real.

Esses contatos foram valiosos para Kissinger ao longo de sua carreira. Ao fim dos anos 1950, esse imigrante havia se transformado em algo maior que um simples elo na corrente; ele se transformara em um consumado construtor de redes sociais, operando em uma escala quase mundial. As atividades diplomáticas de Kissinger desde os primeiros dias do Seminário Internacional até os seus anos em Washington foram focadas, quase de forma obsessiva, em administrar conexões interpessoais entre as elites globais.[121]

De Walters, o general Meira Mattos contou que o fato de o norte-americano ter sido sempre solteiro, sem as muitas obrigações familiares, principalmente após o falecimento de sua mãe, com quem viveu até 1964, favorecia que ele mantivesse contínuos contatos sociais, fosse visitando ou recebendo pessoas, praticamente todos os dias da semana.[122] E, assim como Kissinger, Walters estava sempre bem informado e não poupava seus contatos quando um amigo lhe solicitava um favor. Essa foi a descrição da Revista Veja a respeito dessa sua característica:

> É capaz de fornecer a um jovem aspirante as melhores informações possíveis sobre um novo submarino e a um banqueiro belga um cartão de apresentação para um bom joalheiro ou um ministro acessível na Tailândia. "Um amigo do Walters nunca fica mal em capital nenhuma do mundo", comenta um amigo grato.[123]

---

121 SURI, 2007, p. 110-124.

122 O leitor pode comparar as redes sociais de Walters e Kissinger ao criar um diagrama de social network no seguinte endereço: *http://www.namebase.org.*

123 REVISTA VEJA, 1972, p. 22.

Em 1978 Henry Kissinger fez essa dedicatória ao: "General Vernon 'Dick' Walters — um grande patriota e um valoroso servidor público — de seu amigo e admirador".

In 1978 Henry Kissinger inscribed this photo to: "General Vernon "Dick" Walters — A great patriot and invaluable public servant from his friend and admirer".

Outros pontos de comparação

Tanto Kissinger quanto Walters eram viajantes incansáveis. Sendo figuras internacionais, suas imagens estão ligadas a diversos pontos do globo. Walters registrou que, entre 1981 e 1987, apenas no período em que atuou como embaixador itinerante, teve a oportunidade de visitar 144 países, voando mais de 3 milhões de quilômetros e passando 3.293 horas em 1.234 diferentes vôos.[124]

Ao desenvolverem suas carreiras, Kissinger e Walters souberam aproveitar as oportunidades nascidas com a Segunda Guerra e com a Guerra Fria; souberam utilizar suas experiências européias como valioso diferencial; souberam conquistar o apoio de personalidades de seu tempo; e foram assessores notáveis, como que observando as principais figuras agindo nos intrincados casos de negociação, até que pudessem eles mesmos atuar como grandes negociadores internacionais; de igual forma, ambos souberam se tornar indispensáveis a pessoas poderosas, o que garantia sua indicação para missões importantes uma após a outra; Kissinger e Walters serviram tanto a líderes republicanos quanto a democratas. Antes de trabalhar para Rockefeller, Kennedy e Johnson, Kissinger havia trabalhado para Truman e Eisenhower em posições mais baixas.[125] Walters foi o intérprete dos presidentes Roosevelt, Truman, Eisenhower e Johnson; atuou como vice-diretor da CIA no governos Nixon e Ford; e foi embaixador itinerante; também foi embaixador à Organização das Nações Unidas (ONU) e à Alemanha, nos governos Reagan e Bush. Finalmente, Kissinger e Walters foram figuras controversas, isso porque sempre defenderam seus valores mais profundos.

Em síntese, a segunda metade do século XX foi um período fértil de oportunidades para os operadores militares, diplomáticos e de Inteligência. Nesse cenário de conspirações, de conflitos localizados ou de potenciais confrontos globais ou nucleares, exerceu destacado papel quem soube se conduzir nesses três campos. Esse foi o caso de Walters e de Kissinger. Robert Murphy inaugurou essa fase de integração entre as áreas. Murphy abriu caminho, mas não como ator de inteligência propriamente dito.[126] Walters e Kissinger aperfeiçoaram

---

124 WALTERS, 19—(a), p. 2.

125 SURI, 2007, p. 175.

126 Em seu livro *Diplomat among Warriors*, Murphy se refere à efetiva atuação no campo da inteligência que ele e outros diplomatas norte-americanos tiveram (p. 7-8), mas não declara ter recebido qualquer treinamento formal na atividade. Joseph E. Persico, na obra *Roosevelt's Secret War: FDR and World War II Espionage* (New York: Random House, 2001), p. 209-213, descreve a liderança de Murphy na rede de espiões estabelecida no norte do continente africano. Essa rede, conhecida como os 12 apóstolos do presidente, foi "impingida" ao Departamento de Estado (p. 209). E Hal Vaughn, em seu livro *FDR's 12 Apostles: The Spies Who Paved the Way for the Invasion of North Africa* (Guilford, Connecticut: The Lyons Press, 2006), confirma essa realidade. A missão de Murphy começou em 18 dez. 1940, cerca de seis meses antes da criação do órgão de inteligência do presidente, o *Office of Strategic Services*.

esse modelo. Assim como Suri encerra o seu livro sobre Kissinger afirmando que *"o século XXI aguarda o sucessor de Kissinger"*,[127] pode-se indagar: haverá outro adido militar com tão amplas habilidades e talentos como Walters?

---

127 SURI, 2007, p. 274.

Capítulo 4 — Uma lenda no Brasil

Nem tudo o que dizem a meu respeito é verdade. (Walters)[128]

"Apenas um adido bem informado"

O termo adido ou *attaché* possui um significado preciso no meio diplomático. Não basta que um militar atue no exterior para ser um adido; é preciso que lhe seja conferido pleno *status* diplomático. Historicamente, o adido era um misto de soldado e diplomata e, portanto, nem sempre bem recebido no país anfitrião. Os adidos militares eram os olhos e ouvidos no exterior antes da fotografia por satélite e das sofisticadas técnicas de coleta eletrônica.[129] Em 1910, Os militares que atuavam nessa função foram autorizados a usar a *aiguillette* ou o alamar, que é o símbolo internacional do adido militar.

No início da Primeira Guerra havia 23 adidos militares americanos atuando em outros países. A partir daí, a maioria das embaixadas passou a ter esses postos e a Guerra Fria consolidou a sua necessidade.[130] Apesar de, ainda hoje, o emprego dos adidos militares não ser bem documentado em fontes abertas, o leitor pode obter valiosas informações a respeito em publicações do National Defense Intelligence College.[131]

É nesse contexto que Walters encontrou o seu lugar como um *"adido militar profissional"* e, por conta de suas habilidades e competência, passou a ser considerado o paradigma do adido militar para os estudantes do NDIC, e para a instituição que prepara os militares americanos que vão atuar como adidos no exterior.

Um historiador do DIA, Brian G. Shellum, realizou minuciosa pesquisa da história dos adidos militares americanos e concluiu que nenhum outro realizou tantas missões no exterior quanto Walters. Como capitão, Walters foi assistente do adido militar no Brasil, de 1945 a 1948; junto a Harriman, como major, ele foi adido itinerante em Paris, no período de 1948 a 1950; de 1960 a 1962, o coronel Walters foi o adido do Exército na Itália; de 1962 a 1965, ele foi o adido do Exército no Brasil e, com sua promoção a general, ele permaneceu no País como adido de Defesa, de 1965 a 1967; finalmente, ele foi o adido de Defesa na França, de 1967 a 1971. É mais de a metade do tempo que ele

---

128 WALTERS, 19—(b), p. 233.
129 SHEA, 2005, p. 50.
130 SHEA, 2005, p. 50.
131 SATTERTHWAITE, 2003, p. 29-40.

passou no Exército.[132] O próprio Walters escreveu que viveu no exterior 26 anos dos 36 anos de sua carreira militar, realizando vários tipos de missão. Segundo Walters, talvez apenas o general MacArthur tenha passado mais tempo em missão fora do país do que ele, mas não muitos outros.[133]

De todo esse período como adido, com certeza, o que mais teve repercussão na carreira de Walters, foi a sua segunda missão no Brasil. Em 30 de julho de 1962, o embaixador americano no Brasil, Lincoln Gordon, reuniu-se com o presidente Kennedy na Casa Branca. O assunto era o desconforto causado pelo avanço de comunistas e de outros elementos de esquerda sobre o governo brasileiro. Como solução, o embaixador afirmou que não se podia descartar a hipótese de um golpe militar e que uma tarefa das mais importantes para os americanos seria fortalecer a espinha militar.

O presidente perguntou a Gordon sobre como eram os adidos militares dele na embaixada. Gordon afirmou que o adido de Marinha era muito bom. Ele já estava no Brasil havia alguns anos, era fluente em português e conhecia o seu ofício. No entanto, a Marinha no Brasil não era a força mais importante. De igual forma, a Força Aérea era bem pequena. O adido da Força Aérea também era muito eficiente e tinha bons contatos dentro da Força Aérea Brasileira. Isso além de ser um piloto muito bom. E acrescentou:

> Mas, eu disse, o adido do Exército é o mais importante com folga. Ele é terrível, tem sido terrível. Felizmente ele está em processo de substituição. Ele não sabe uma palavra de português e gosta mesmo é de jogar golfe. Até onde sei, ele se ocupa semanalmente de manter algumas horas de conversa em inglês com amigos no Exército brasileiro. Baseado nessas conversas, ele escreve quatro ou cinco telegramas. O restante do tempo ele passa no campo de golfe. Ele mantém o contato com os oficiais brasileiros que falam inglês, mas eles são sempre os mesmos. Isso não oferece muito. E concluí: o seu substituto já está em fase de treinamento.[134]

Gordon afirmou que Kennedy quis saber que tipo de treinamento o novo adido estava recebendo. O embaixador afirmou que o oficial estava estudando o idioma, o presidente balançou a cabeça negativamente e disse: *"esse não serve"*. Kennedy perguntou se Gordon conhecia algum adido bom e que falasse português. O embaixador pensou por um instante e já ia responder que não quando, de repente, se lembrou de um oficial que conhecera em

---

132 SHELLUM, 2004, p. 26.
133 WALTERS, 19—(a), p. 4.
134 Entrevista ao autor, em 5 de dezembro de 2005.

Paris, quatorze anos antes. Ele disse ao presidente: *"Sim, eu conheço alguém"*. Era o coronel Vernon Walters.

Em 1948, Gordon estava na França trabalhando na implantação do Plano Marshall e conheceu o major Vernon Walters, que era o assistente de Averell Harriman. Gordon era um *"viúvo geográfico,"* conforme suas próprias palavras, pois sua família havia permanecido nos Estados Unidos, e Walters era solteiro. Assim, eles passaram a jantar juntos, sempre que era possível, e Walters falava de sua afeição pelo Brasil e da experiência que teve junto dos brasileiros na Segunda Guerra. Gordon achava Walters uma personalidade *"absolutamente fascinante"* e se impressionava com a sua habilidade lingüística e com o seu talento para contar histórias.

Gordon sugeriu, então, o nome de Walters ao presidente Kennedy, mas fez uma ressalva de que Walters provavelmente não gostaria da troca, já que a função na Itália era de alguma forma mais importante que no Brasil. O presidente respondeu que se o Exército conseguisse alguém tão bom quanto ele, poderia mandar outro, mas, se não conseguisse, Walters seria transferido gostando ou não gostando.[135]

Walters já estava servindo havia dois anos em Roma e estava adorando aquele posto. Como Gordon previra, ele não recebeu com alegria a notícia de sua transferência e foi com *"grande relutância"* que deixou a Itália.[136] Elio Gaspari escreveu que Walters, na realidade, detestou a idéia de deixar um posto de primeira grandeza com uma equipe de trinta pessoas para chefiar um escritório onde havia apenas um major e uma secretária. Walters teria dito: *"Se eles querem que eu faça o que eu penso que eles querem, eu não terei status suficiente"*. Segundo Gaspari, Walters teria inclusive pensado em pedir transferência para a reserva.[137]

O senso de disciplina falou mais alto e, ainda que com *grande tristeza*, no dia 10 de outubro de 1962, Walters embarcou em Roma com destino ao Brasil. Quando ele se apresentou na embaixada, Lincoln Gordon ofereceu-lhe orientações a respeito de sua nova missão. O embaixador explicou a situação política em curso no Brasil, a ameaça comunista e o esfriamento das relações com os Estados Unidos. Finalmente, o novo chefe indicou qual deveria ser a sua missão: *"De você quero três coisas: primeiro, desejo saber qual a posição das Forças Armadas; segundo, se tenho possibilidades, através de você, de exercer*

---

135 Entrevista ao autor, em 5 de dezembro de 2005.
136 WALTERS, 1978, p. 368.
137 GASPARI, 2002, p. 60.

*qualquer influência nesse terreno; terceiro, e principalmente, não quero ser sur-
preendido".*[138]

Não há dúvidas que Walters cumpriu bem sua missão. Até por isso seu
nome se tornou uma lenda no Brasil, principalmente, no que se refere à segunda parte das missões que Lincoln Gordon lhe confiou: a influência na
posição das Forças Armadas. Walters tinha convicção da importância dessa
influência:

> Desde a aurora da sociedade humana organizada, governos ten-
> tam influenciar os eventos em outras nações de uma forma fa-
> vorável a eles. Há os que dirão que tentar influenciar eventos ou
> opiniões em outro país seja imoral. Mas ninguém pode negar que
> o primeiro dever de qualquer servidor em outro país é aumen-
> tar o número e a importância dos amigos de seu próprio país.
> Não podemos encarar os anos vindouros e a sempre crescente
> ameaça sem tal capacidade. Se o fizermos, a História pode não
> nos perdoar.[139]

O fato de Walters gostar de gente e de estudar novas culturas foi essencial
para fazer dele o *"adido absoluto"*.[140] Falando dos traços de sociabilidade que
marcaram a trajetória de Walters, Brintnall, que serviu com ele no Brasil, afirmou que:

> Logo após minha chegada ao Rio, em julho de 1964, comecei a
> perceber o quão sortudo eu era de servir sob seu comando. Um
> *tour* com Vernon Walters em Moçambique teria sido uma ótima
> missão. O fato de estarmos no Brasil era simplesmente um prê-
> mio a mais.
>
> Uma coisa se tornou aparente de imediato — além, claro, de sua
> intimidade com o Brasil e com os brasileiros — e era o fato de que
> ninguém com quem ele se encontrava estava abaixo dele. Face
> a face, ele era tão atencioso com um de seus motoristas como
> com um chefe de Estado. Como um jovem capitão especialista
> em área estrangeira, eu não tinha qualquer status na Embaixada,
> mas ele garantiu que estivéssemos completamente integrados às
> atividades da adidância militar e, logo em seguida, à adidância de
> defesa e que nos beneficiássemos de sua experiência. Logo após
> minha chegada, ele me ligou uma noite e perguntou se eu já con-
> hecia o presidente Castello Branco. Quando lhe disse que não, ele
> disse, 'Pete, venha ao meu apartamento, ele está aqui agora'.

138 WALTERS, 1978, p. 374.
139 WALTERS, 1981, p. 115, 123, 124.
140 SHELLUM, 2004, p. 29.

Ele deixou claro que como especialistas em áreas estrangeiras tínhamos que fazer mais que apenas aprender a língua e conhecer as forças armadas de nossos anfitriões; precisávamos também aprender a história, a cultura, a economia e a política do país, assim como a língua e os assuntos militares.[141]

Brintnall afirmou, ainda, que Walters sempre enviava aos seus conhecidos um cartão nos casos de promoção, casamento ou qualquer outro evento feliz para eles. Todos que serviam sob suas ordens eram devotados a ele e, como resultado, sua influência aumentava a cada ano. Ele era muito generoso com o seu tempo e com suas posses. Incontáveis convidados ficaram em seu apartamento em Paris, nas acomodações do embaixador americano no Waldorf Towers e em suas outras residências, estando ele presente ou não.

Quando Brintnall e seus colegas, especialistas em áreas estrangeiras, chegaram para trabalhar na embaixada no Rio nenhum deles tinha experiência na área de Inteligência. No entanto, Walters dedicou um tempo para instruí-los nos fundamentos da busca e da análise de informações. Assim, em pouco tempo, tomar notas em viagens ou gravar dados biográficos para relatórios futuros tornou-se uma segunda natureza para os jovens oficiais.

Brintnall afirma que durante os dias politicamente turbulentos de 1963 e 1964, no Rio, Walters era bombardeado por uma enorme quantidade de boatos. Ele tinha, portanto, que separar fato do que era simples ficção. Era o caso, por exemplo, quando uma fonte lhe informava que o Exército estava em um alto estado de alerta e que um golpe era iminente. Walters despachava, então, seu motorista Licínio para uma passagem à frente de uma determinada unidade de carros de combate do Exército. Se os tanques estivessem estacionados nas garagens sem qualquer atividade anormal ao seu redor, ele saberia que a alegação de alto grau de alerta nada mais era que simples boato.

Walters sabia recorrer a sua habilidade em contar estórias que passassem alguma mensagem ou tivessem um significado especial em momentos mais difíceis. O ex-diplomata, Steven Monblatt, que trabalhou com Walters no Brasil em 1966, se recorda de um episódio, nos anos 1980, quando servia na Espanha e Walters era o embaixador dos Estados Unidos junto às Nações Unidas. A política de defesa dos Estados Unidos estava sofrendo duras críticas na Espanha, principalmente no que se referia às intenções americanas de instalar mísseis de médio alcance na região. Walters, numa entrevista coletiva para a imprensa espanhola, disse, em perfeito espanhol: *"Trabalhei para*

---

141 BRINTNALL, 2004, p. 15.

nove presidentes estadunidenses e fiz uma coisa que nenhum deles fez. Eu pessoalmente testemunhei uma explosão nuclear e oro para que nunca testemunhe outra". Monblatt afirmou que os espanhóis ficaram impressionados, assim como ele próprio ficara. Depois de algum tempo, no entanto, refletindo sobre aquelas palavras, ficou imaginando que não havia qualquer relação entre uma explosão nuclear e a política de defesa dos Estados Unidos. A conclusão a que chegou é que Walters era mestre em usar essas coloridas figuras de retórica e comparou essa sua habilidade com um tipo de restaurante chinês: *"muito impressionante e aparentemente satisfatório, mas meia hora mais tarde você está com fome de novo e tentando se lembrar do que você comeu"*.[142]

A Revista Veja fez referência, em um artigo, a essa habilidade que Walters tinha de manejar as conversações, de acordo com o momento:

> A nenhum deles [de seus vários interlocutores durante uma visita que fizera ao Brasil] deu a impressão de estar pedindo opiniões definitivas sobre um assunto decidido. "Aliás, esta é uma técnica de conversação que ele usa com grande brilho. Como tem o raciocínio rápido e é evidentemente bem informado, pode conduzir os assuntos de forma que seu interlocutor não consegue perceber nem sua importância nem seu interesse", comentou um de seus amigos revisitados.[143]

A respeito da habilidade que Walters tinha em manter seus relacionamentos sociais, Monblatt afirmou que Walters era uma figura carismática e que isso, junto com seu talento lingüístico, fazia com que as pessoas se aproximassem dele. Soube aliar a grande afeição que sempre teve pelo Brasil com o gosto que tinha de viajar e conhecer novos lugares, ao mesmo tempo que realizava uma das funções principais do adido militar: que é a de reportar as condições militares no país anfitrião.[144] Junto a outros oficiais americanos e brasileiros, ele navegou pelo Rio Amazonas (fevereiro de 1964); viajou de ônibus pelo interior do Rio Grande do Sul (março de 1964); viajou de jipe do Rio de Janeiro até Foz do Iguaçu (junho de 1964); percorreu em um caminhão toda a extensão da rodovia Belém-Brasília (janeiro de 1965); navegou pelo Rio São Francisco (outubro de 1965); viajou de jipe pelo interior do Mato Grosso (abril de

---

142 Entrevista ao autor, em Abril 23 2006, por e-mail.

143 REVISTA VEJA, 1972, p. 22.

144 O gosto de Walters pela exploração vai ao encontro do argumento de Carol Medlicott em "Interpreting National Security and Intelligence in Geographic Exploration: Explorers and Geographers in Americas's Early Republic," *Intelligence and National Security* 22, no. 3 (junho de 2007), 321-345. Ela sugere que "a exploração geográfica deve ser reconhecida como profundamente relacionada com o tema da segurança nacional e com grande similaridade com a atividade de inteligência." (p. 321)

Walters verificando um coco em uma área não identificada do interior brasileiro, 1965 ou 1966.

Walters inspecting a coconut at an unidentified location in rural Brazil, 1965 or 1966.

1966) e venceu, novamente de caminhão, todo o percurso do Rio de Janeiro até Rio Branco, no Acre (setembro de 1966).

Nessas viagens ele sempre parava nas unidades militares, visitava antigos companheiros da FEB e acrescentava novos contatos à sua já extensa lista. As condições enfrentadas eram extremas, já que muitas estradas não eram pavimentadas e, em alguns lugares, ele enfrentou problemas de acomodação.[145]

Seu conjunto de talentos e habilidades fizeram de Walters um "super adido", cujo exemplo permanece para todos os militares, americanos ou brasileiros, do que seu país espera deles quando ocupando tal posto no exterior. No Brasil, as críticas que Walters recebeu eram provenientes da suposição de que ele ultrapassou os limites do que se espera de um adido militar. Sempre que foi questionado a respeito disso, ele respondia invariavelmente: *"fui ... um adido bem informado"*.[146]

---

145 WALTERS, 19—(b), p. 1-123.
146 WALTERS, 19—(a), p. 10.

Certificado de graduação de brincadeira, datado de 3 de agosto de 1966, de um curso de "Guerra Revolucionária" anti-comunista, mencionando a ligação de Walters com os líderes do movimento militar de 1964, que depôs o presidente João Goulart. Gorila é um termo pejorativo no Brasil para designar militares envolvidos em golpes de Estado.

Mock certificate of graduation, dated August 3, 1966, from an anti-Communist "Revolutionary War" course, honoring Walters' association with the military leaders who staged the 1964 coup removing Brazilian President Goulart. The term "gorila" is Brazilian slang for a military man who takes power by coup.

"O senhor é uma lenda neste País"

O nome de Vernon Walters ficou ligado definitivamente ao Brasil. Seja pela amizade com o Brasil e com os brasileiros, fruto da atuação junto à FEB, seja pela polêmica em torno de sua participação no movimento militar de 1964. Vernon Walters tornou-se uma lenda no Brasil, e conforme Leonel Brizola, cunhado do ex-presidente João Goulart, assim afirmou ao próprio Walters.

No dia 7 de maio de 1986, já embaixador junto à ONU, Walters estava no Brasil para, dentre outros compromissos, participar das comemorações da vitória aliada na Segunda Guerra e fez uma visita de cortesia a Brizola, então governador do Estado do Rio de Janeiro. Ao receber o visitante no Palácio das Laranjeiras, Brizola comentou: *"O Senhor é uma lenda neste País."* Walters respondeu: *"Sim, governador, mas — como o Senhor — nem tudo o que dizem a meu respeito é verdade"*.[147]

O certo é que, ao longo dos anos, Walters teve grande habilidade para administrar os fatos e as versões a respeito de sua participação em 64. Ele conseguiu manter o bom humor e a dignidade mesmo diante de manifestações mais agressivas contra sua presença no Brasil, como a que ocorreu naquele mesmo dia 7 de maio, antes de se encontrar com Brizola.

Walters havia discursado na Escola de Guerra Naval para um público que incluía o chefe das Operações Navais brasileiras, cerca de vinte almirantes e os alunos da Escola. Ao final do discurso, respondeu por cerca de uma hora a perguntas sobre vários temas. Em seguida, ele discursou em um almoço no hotel Glória para convidados da Câmara de Comércio dos EUA. Durante o almoço, alguém disse a Walters que havia um grupo de manifestantes contra ele em frente ao hotel e que, devido a isso, ele deveria deixar o edifício por uma porta dos fundos. Walters recusou, dizendo: *"De maneira alguma vou sair pela porta dos fundos, com ou sem manifestantes"*. Ele saiu do hotel, pela porta da frente, e havia entre 25 e 30 manifestantes gritando: *"Assassino, assassino."* Quando se encaminhava para o carro, os manifestantes jogaram dois ovos contra ele, sendo que nenhum o atingiu. Um atingiu o pára-brisa do veículo e o outro seu assistente, Fred Negen, que não se feriu. No local, havia o mesmo número de policiais e de manifestantes.[148]

No encontro com Brizola, Walters pediu que os jovens manifestantes não fossem punidos e soltos os que já tivessem sido presos. Ele comentou que, aos dezoito anos de idade, também teria jogado ovos, se tivesse a chance. Brizola prometeu atendê-lo.

Quando deixava o Palácio das Laranjeiras, sede do Governo do Rio de Janeiro, a imprensa quis conversar com Walters a respeito do ocorrido no hotel Glória. Os jornalistas perguntaram a ele sobre como se sentia. Walter declarou que aquela havia sido uma das experiências mais humilhantes de toda a sua vida, o que parece ter deixado os jornalistas encantados. Os jornalistas queriam saber o porquê da humilhação e Walters explicou: *"As pessoas levaram vinte anos para fazer uma manifestação contra mim; apenas cerca de trinta manifestantes apareceram; eles jogaram apenas dois ovos, ambos erraram e, além do mais, nenhum estava podre. Foi realmente uma experiência humilhante"*.[149]

---

147 WALTERS, 19—(a), p. 233.
148 WALTERS, 19—(a), p. 233.
149 WALTERS, 19—(a), p. 234.

O embaixador Vernon Walters e o general Moura participam de um desfile em homenagem aos veteranos brasileiros e estadunidenses, Rio de Janeiro, 8 de maio de 1986 (aniversário da Vitória na Europa). Foto cortesia de Arthur Moura.

Ambassador Vernon Walters and General Arthur Moura participate in a parade honoring Brazilian and U.S. military veterans, Rio de Janeiro, May 8, 1986 (anniversary of Victory in Europe –VE Day). Photo courtesy of Arthur Moura.

Depois de participar das comemorações do Dia da Vitória, no dia seguinte, Walters viajou para São Paulo. Quando estava prestes a pousar no aeroporto de Congonhas, um telefonema anônimo avisou as autoridades que uma bomba explodiria no aeroporto, durante a chegada de Walters. A Polícia Federal realizou buscas em todo o aeroporto e não encontrou nada. Walters foi avisado e uma entrevista coletiva que daria ainda no aeroporto foi cancelada. Além disso, integrantes da União da Juventude Socialista, do Partido Comunista do Brasil e sindicalistas preparavam uma nova manifestação de protesto. Como Walters deixou o aeroporto pelo hangar da VASP, os manifestantes não chegaram a usar os ovos que levaram em suas sacolas. A manifestação se resumiu a discursos improvisados e a uma passeata com cartazes e faixas contra a presença de Walters, tais como: *"Fora, assassino"*, *"Tirem as mãos da Nicarágua"*, *"Abaixo o imperialismo"*. *Um manifestante disse à imprensa que "Walters representa a exploração do povo e das riquezas do Brasil"*.[150]

Em São Paulo, Walters foi recebido pelo governador Franco Montoro, no Palácio dos Bandeirantes, e pelo comandante do Segundo Exército. No dia seguinte, ele viajou a Brasília, onde foi recebido pelo presidente interino, Ulysses Guimarães.

---

150 JORNAL O ESTADO DE S. PAULO, 1986.

Essa foi a primeira viagem que Walters fez ao Brasil depois de encerrado o regime militar. Foram cinco dias muito reveladores do ponto de vista das ligações de Walters com o Brasil. Ele discursou na Escola de Guerra Naval; reviu os velhos amigos da FEB, com quem comemorou o Dia da Vitória em Europa; desfilou com os veteranos no Monumento Nacional aos Mortos da Segunda Guerra Mundial, no Aterro do Flamengo, e foi novamente condecorado por eles; e, em seguida, foi o convidado de honra do almoço oferecido aos veteranos pelo ministro do Exército, Leônidas Pires Gonçalves, no Palácio Duque de Caxias. Foi alvo de hostilidades tanto no Rio quanto em São Paulo, por conta da sua imagem ligada ao movimento militar, e, para a consternação de muitos, foi recebido por autoridades civis e militares.

Todos esses momentos mereceram ampla cobertura da imprensa brasileira. A Revista Veja foi o veículo que melhor analisou a significação dessa viagem, do ponto de vista das ligações de Walters com o Brasil. Depois de definir o estilo de Walters como sendo *duro como o de um general, suave como o de um diplomata e alerta como o de um oficial de Informações*, a Revista concluiu que

> Walters leva na bagagem pelo menos uma certeza: desfez-se o mito em torno de suas confabulações militares no Brasil. Talvez tenha sido por força de protocolo, já que hoje ele é embaixador na ONU, mas o fato é que, de suas muitas visitas, esta, organizada pelo regime civil, foi a que lhe proporcionou as maiores deferências e honras públicas.[151]

A lenda em torno do nome de Walters no Brasil produziu um fenômeno no campo da música no mínimo curioso. Em 1992, foi criada uma banda de rock em Porto Alegre com o nome de *"Vernon Walters"*. A única explicação da banda para a escolha do nome, constante de sua página na Internet, é que *"Vernon Walters era o nome do antigo diretor da CIA"*.[152]

De acordo com o general Carlos de Meira Mattos, um de seus maiores amigos brasileiros, Walters gostava muito de música brasileira. Quando Meira Mattos visitou Walters em Roma, verificou que todos os seus discos e todos os quadros na parede de seu apartamento eram de músicos e pintores brasileiros.[153] Não se sabe se Walters tomou conhecimento da "homenagem" presta-

---

151 REVISTA VEJA, 1986, p. 37.

152 *http://www.protons.com.br/vernonwalters/* Acesso em jul. 19. 2007.

153 Entrevista ao autor, em 18 maio 2006.

da a ele pela banda gaúcha, mas, a julgar pela letra da música "Compre no Natal", gravada pela *Vernon Walters*, o missionário seria interessado mas não teria motivos de orgulho por emprestar seu nome ao conjunto musical.[154]

Outra homenagem prestada a Walters no Brasil, desta vez, com certeza, com motivos de orgulho para ele, ocorreu no ano de 1966. Em 15 de fevereiro daquele ano, o jornal O Globo publicou um artigo intitulado *"Vernon Walters, amigo devotado do Brasil"*:

> O senhor alto e louro entrou em uma loja no centro do Rio de Janeiro. O gerente da casa comercial, notando sua aparência de estrangeiro, dirigiu-se a ele em inglês:
>
> — May I help you, Sir?
>
> — O que é que há? Que negócio é esse de atender os fregueses em idioma estrangeiro? — respondeu o freguês, em português brasileiríssimo e surpreendendo o comerciante.
>
> Tratava-se na realidade de um estrangeiro, mas que, de tão familiarizado com as coisas brasileiras, dificilmente, quando fala, pode ser identificado como natural de outro país. O fato — registrado na ocasião em notícia em O Globo — ocorreu com o adido militar da embaixada dos Estados Unidos no Brasil, general Vernon A. Walters.
>
> Tendo servido durante a Segunda Guerra Mundial como oficial de ligação na Força Expedicionária Brasileira (o general Walters é o único estrangeiro condecorado com a Cruz de Combate da FEB), aprendeu a nossa maneira de falar com impressionante perfeição. Conhece com profundidade o nosso idioma, pois é um estudioso de línguas, falando, além do português, e com grande desenvoltura, espanhol, francês, italiano, alemão, holandês e russo.

---

154 Letra da música "Compre no Natal", da banda Vernon Walters: "Another Blast! Conquer enemy civilizations! Prepare yourself for a new way of world domination! É um novo brinquedo, um game violento de estratégia de guerra norte-americano. É um orgulho fazer parte da liderança do mundo. Destruir os inimigos explodir os submundos. Neste natal todos desejam as prateleiras das lojas vazias. O brinquedo da moda é uma lição de supremacia. Todos compram com a compreensão. Que ajudam o sistema a combater a recessão. Kill! Destroy! A bolsa em Nova York e seus patéticos suicidas, os países são mercados as pessoas estatísticas. O mundo inteiro preso a uma teia consumista, coma, beba, fume, leia, use, vista, assista, assista, assista, assista. Compre no natal, ou um colapso na economia mundial. All these crowning glories. Expand your glorious empire! Unfortunately your neighbors have other plans. Um país ditando ao mundo o seu modo de vida. Financiando eleições governando em parceria. A verdade é controlada a mentira é a mídia. Culturas milenares ou mastercard visas. Há alguns países contra a "real democracia". Bombardeados boicotados com a consciência limpa. Levando para campo novas tecnologias. É para isso que se empenham tantos cientistas? Kill! Destroy!"

No artigo, Walters explica que o primeiro brasileiro que conheceu foi o inventor Santos Dumont, quando o americano era ainda criança na Europa; com a atuação junto à FEB, ele passou a se interessar mais e mais pelo Brasil e pelo idioma português até que *"se abrasileirou por completo"* e afirmou:

> Tenho uma sincera e intensa admiração pelos brasileiros. Alguns dos melhores anos de minha vida passei no Brasil e sinto-me aqui tão bem quanto em meu país. Mas as melhores recordações que tenho dos brasileiros são das experiências que juntos passamos na campanha da Itália. A camaradagem, o espírito jovial e a solidariedade humana deste povo ficaram plenamente demonstrados naqueles dias, tanto nos momentos bons como nos maus momentos. Guardo com particular a imagem de Mascarenhas de Moraes, o notável comandante da FEB, pelo que ela representa de autênticas qualidades de pessoa humana e de habilidade de comando militar.

A matéria do jornal O Globo termina afirmando que

> O general Vernon A. Walters, por tantos títulos identificado com o nosso País e a nossa cidade, como pelas tantas obras que tem realizado na aproximação maior de dois países amigos — Brasil e Estados Unidos — foi escolhido pelo O Globo como um dos cariocas honorários de 1966.[155]

Apesar dessa matéria favorável a Walters, de forma geral, pode-se afirmar que a imprensa brasileira, de maneira geral, foi sempre muito contundente contra ele.

Em 12 de março de 1980, o jornalista Elio Gaspari publicou uma matéria na Revista Veja intitulada: *"A amnésia do general"*, que trazia a seguinte informação: *"Vernon Walters, o adido americano no Rio em 1964, esteve em todas, e não conta nenhuma"*. Gaspari escreve: *"O general americano Vernon Walters não gosta de caviar, é incapaz de diferenciar vodca de álcool de farmácia, não teve mulheres em sua vida e veste-se como um espantalho. Mesmo assim fez coisas que nem James Bond sonharia"*. O jornalista, em seguida, enumera os fatos descritos por Walters em seu livro Missões Silenciosas: a transferência secreta de Kissinger de um aeroporto na Alemanha para a França, em 1970; os encontros clandestinos com os chineses, em Paris, entre 1969 e 1971; e as vezes em que Walters freqüentou apartamentos de generais brasileiros, no Rio, em 1963.

---

155 JORNAL O GLOBO, 1966.

Gaspari menciona, ainda, a atuação do poliglota Walters como intérprete de vários presidentes, o seu trabalho como adido militar no Brasil e na França, sua nomeação como vice-diretor da CIA e sua participação como personagem decisivo no caso Watergate. O sarcasmo volta à cena quando o jornalista menciona que Walters, "metido em tantas boas histórias", teria a matéria-prima para um grande livro de memórias, mas que ele decidira cumprir o regulamento e revelou só o permitido. Para Gaspari, o livro Missões Silenciosas, que acabava de ser publicado no Brasil, *resume-se a alguns episódios anedóticos e a divagações políticas exemplares do pensamento conservador americano*.

Na seqüência da matéria, o jornalista descreve a amizade pessoal entre Walters e quase todos os oficiais da FEB, o que lhe permitiu escrever:

> Circulava nos meios militares brasileiros, e na conspiração contra Goulart, como um peixe n'água. Estava na casa de Castello na noite de 13 de março (de 1964), quando o presidente João Goulart discursava no comício da Central e, mais tarde, no apartamento de outro general, que estocava armas, quando veio a notícia de que a polícia chegaria em poucos minutos. Num lance de sangue-frio profissional, Walters ficou. A polícia não veio.

A matéria segue em tom irônico até concluir que não importa qual tenha sido a participação de Walters nos episódios de 1964 no Brasil, de qualquer forma ele estaria errado:

> Sua narrativa desse período, entretanto, é pobre. Ele insinua que em alguns momentos passou muito perto da conspiração, mas recusa-se a fazer maiores confidências, sobretudo quando se sabe que a embaixada americana recebeu pelo menos dois pedidos de ajuda material para a derrubada de Goulart. Walters jura que desconhecia a existência de qualquer operação militar no litoral brasileiro nos primeiros dias de abril de 1964. Como os documentos da Biblioteca Lyndon Johnson provaram que a Casa Branca enviou uma força-tarefa para as proximidades de Santos, liderada por um porta-aviões e carregada de combustível, além de armas, a narrativa de Walters é prejudicada. Ou ele sabe e não conta, ou, o que é pior, não sabia mesmo. E, se ele não sabia, é o caso de se perguntar para que os contribuintes americanos pagam a manutenção de adidos no exterior.[156]

A mesma Revista Veja havia publicado, oito anos antes, matéria menos parcial a respeito. Foi em 1972, quando Walters ocupava o segundo maior

---

156 REVISTA VEJA, 1980.

posto da CIA, o que justifica, em parte o título da matéria: *"A rápida visita de 00-Walters"*. A explicação dada à imprensa, por parte da embaixada americana, é que a visita era de caráter particular. Walters era aficionado pelos sistemas de metrôs e aproveitaria a estada no País para acompanhar as obras do metrô de São Paulo e do Rio. A imprensa brasileira, claro, alvoroçou-se, porque, para os jornalistas, o visitante estava mais para os subterrâneos da atividade de Informações que, propriamente, dos sistemas de transporte.[157] Depois de mencionar a discreta chegada ao Rio e as manobras para evitar a imprensa em Brasília e São Paulo, a revista indicou que a atuação de Walters no Brasil, no que se refere à movimento militar de 64, está baseada mais em suposições ou preconceitos que em fatos concretos:

> Mesmo vigiado e sob a acusação de ter planejado a queda de Goulart, Walters nunca foi envolvido numa indiscrição ou em qualquer episódio onde se pudesse dizer que havia ultrapassado as fronteiras dos direitos de um adido. Levando-se em conta que alguns dos oficiais punidos pela Revolução poderiam ter interesse em divulgar episódios que pudessem deixá-lo mal, a inexistência de acusações fatuais é uma boa prova do rigor militar do então coronel. Hoje, sua participação na Revolução continua sendo um mistério alimentado muito mais por preconceitos do que por fatos.[158]

A cada vinda de Walters ao Brasil, nova onda de matérias mais ou menos incisivas, raramente imparciais, nunca elogiosas, era publicada pela imprensa. Apesar disso, Walters manteve até o fim de sua vida que foi apenas um observador privilegiado dos fatos e que não extrapolou em nenhuma hipótese as suas atribuições como adido militar:

> Eu era o adido militar e não tomei parte em nenhuma conspiração. Eu era uma testemunha bem informada, mas não um participante. Pessoalmente, fiquei muito preocupado com o comício do presidente João Goulart, em 13 de março de 1964, no Rio de Janeiro, com as bandeiras vermelhas. ... Eu era um estrangeiro e vivia no Brasil há alguns anos. ... Eu tinha o direito de observar, mas não de participar.[159]

Moniz Bandeira, historiador brasileiro, defendeu que Walters desempenhou um papel mais ativo no episódio. Para ele, Walters não apenas coordenou

---

157 Para essa afeição de Walters pelos sistemas de metrôs, leia-se OLIVEIRA, 2005, p. 45-51.
158 REVISTA VEJA, 1972.
159 CONTREIRAS, 2000.

as atividades da CIA no País, mas participou diretamente no planejamento do golpe:

> O governo de Goulart sabia, através de relatórios do Conselho de Segurança Nacional, que o coronel Vernon Walters, adido militar da embaixada dos Estados Unidos, coordenava as atividades da CIA, inclusive se envolvendo diretamente no contrabando de armas, com a colaboração de alguns brasileiros, entre os quais o policial Cecil Borer e o empresário Alberto Byington Jr. E não levou avante as investigações, talvez para não chegar à ruptura com Washington ou porque Walters mantinha vínculos de intimidade com muitos oficiais brasileiros, entre os quais o chefe do Estado-Maior do Exército, general Castello Branco. A indecisão de Goulart permitiu assim que a *conspirata* se alastrasse no seio das Forças Armadas, tendo como eixo a Escola Superior de Guerra, mais conhecida como *Sorbonne*, cujos ideólogos, amigos de Walters e engajados no anticomunismo da guerra fria, passaram da concepção sobre a inevitabilidade do confronto atômico para a doutrina da luta contra-revolucionária, sempre ao compasso do Pentágono.[160]

Na biografia de Vernon Walters, constante de um verbete do Dicionário Histórico-Biográfico Brasileiro Pós-30, publicado pela Fundação Getúlio Vargas, consta a seguinte informação sobre sua atuação no movimento militar de 1964:

> Walters manteve Washington a par da evolução dos acontecimentos do País naquele período, valendo-se para tanto de suas ligações pessoais bastante estreitas com vários oficiais brasileiros que haviam lutado na Itália, como os generais Castello Branco e Osvaldo Cordeiro de Farias.

> Em março de 1964 cooperou ativamente com o movimento político-militar para a deposição de João Goulart. No dia 23 de março comunicou ao embaixador Lincoln Gordon que o general Castello Branco, na época chefe do Estado-Maior do Exército, assumira a liderança ativa da conspiração contra o governo federal.

> Nessa ocasião, Walters, Gordon e outros membros da embaixada elaboraram dois planos de contingência a serem acionados pelos EUA em favor dos insurgentes no caso de uma guerra civil. O primeiro plano, que visava ao fornecimento de petróleo aos rebeldes, atendia a uma solicitação formulada pelo general Cordeiro de Farias a Walters. O segundo plano previa o envio de uma

---

160 BANDEIRA, 1978, p. 460.

força tarefa norte-americana de porta-aviões ao litoral brasileiro numa demonstração "simbólica" de poderio militar.

Segundo Phyllis Parker, Walters recomendou que não se fizessem planos para o envio de tropas ao Brasil e interrompeu as visitas que fazia diariamente a Castello Branco a fim de evitar o que poderia ser interpretado como uma ingerência norte-americana na conspiração em desenvolvimento. Em 31 de março, deflagrado o movimento contra Goulart, o governo norte-americano enviou o porta-aviões Forrestal e destróieres de apoio em direção às águas brasileiras, iniciando a chamada operação Brother Sam. Ainda no dia 31, Walters soube, por intermédio do general Lima Brayner, que o general Amauri Kruel comandante do II Exército, sediado em São Paulo, decidira apoiar o movimento rebelde. Com a queda de Goulart, no dia 2 de abril, o apoio militar ostensivo dos EUA tornou-se desnecessário. Walters permaneceu como adido militar no Brasil até 1967, devido a sua longa experiência em assuntos políticos do país e suas relações de amizade com vários dos novos governantes, inclusive o presidente Castello Branco (1964-1967).

Deixou o Brasil já com a patente de general em 1967 e foi servir no Vietnã junto às tropas norte-americanas que apoiavam o governo de Saigon na guerra contra o Vietnã do Norte e as forças guerrilheiras dos vietcongues do sul do país.[161]

Uma semana antes de morrer, na última visita que fizera ao Brasil, Walters concedeu uma entrevista ao jornalista brasileiro Geneton Moraes Neto. O título da entrevista é bastante emblemático da visão que parte dos brasileiros tem a respeito das ligações entre Walters e o Brasil: *"O nome: Vernon Walters, mas podem chamá-lo de capeta, diacho, mequetrefe"*. O jornalista assim se expressou:

> Se nomes próprios pudessem ser traduzidos, qual seria o significado de Vernon Walters? Quem se opôs ao golpe militar de 1964 responderia de bate-pronto: Vernon Walters quer dizer o cafute, o cambito, o capeta, o coisa-ruim, o diacho, o esconjurado, o mequetrefe, o mofento, o tinhoso. Em uma palavra: o demônio.[162]

Nessa última viagem ao Brasil, um dos amigos que Walters visitou foi o marechal Waldemar Levy Cardoso,[163] conhecido desde a época da FEB. O marechal Cardoso referiu-se ao carinho e estima que Walters sempre teve com Brasil e com os brasileiros. Naquele último encontro, Walters fez questão

---

161 FUNDAÇÃO GETÚLIO VARGAS, 2001.

162 NETO, 2002

163 Entrevista ao autor, em 25 de abril de 2006.

de repetir de memória, como sempre fazia, a famosa frase de Juscelino Kubitschek:

> Deste Planalto Central, desta solidão que em breve se transformará em cérebro das altas decisões nacionais, lanço os olhos mais uma vez sobre o amanhã do meu país e antevejo esta alvorada, com fé inquebrantável e uma confiança sem limites no seu grande destino.[164]

Um sucessor

A profissionalização do sistema de adidos militares era uma das grandes preocupações de Walters. Ele defendia a necessidade de se designar para exercer a função apenas o pessoal devidamente qualificado, para bem representar o país no exterior. Em uma entrevista que concedeu no DIA, em 21 de setembro de 1983, Walters afirmou:

> Uma das coisas interessantes que aconteceram nos anos em que atuei [no sistema de adidos militares], e atuei por um longo tempo, foi o aumento da competência desse sistema. Quando ingressei nele, logo após a Segunda Guerra, sinceramente, o sistema era visto como sendo um lugar para colocar oficiais antigos, que poderiam ser muito competentes em outras áreas, mas que realmente não possuíam as qualificações específicas para atuarem como adidos militares. Isso era extremamente prejudicial para o sistema, já que as pessoas no círculo diplomático não levavam esses oficiais a sério. Eles viam a função de adido como sendo um tipo de recompensa e não necessariamente um trabalho a ser desenvolvido.

> Ao longo dos anos, tenho visto a seleção de oficiais que possuem qualificação específica, seja no campo lingüístico, seja na capacidade de manterem contato com as pessoas no país, ou seja por outra razão que justifique a presença deles lá. Além disso, na época em que iniciei no sistema, para a maioria dos adidos aquela era a sua última função. Dali eles não iriam para qualquer outro posto. Entendo que agora há uma situação completamente diferente e muitos dos oficiais seguem progredindo na carreira após servirem como adidos. Se os países anfitriões acreditam que o adido militar esteja em sua última missão, eles simplesmente não vão perder muito tempo com ele.

> Assim, acho que a questão de o oficial permanecer na ativa e seguir sendo promovido após ter servido como adido é muito

---

164 A frase está gravada na Praça dos Três Poderes, em Brasília.

importante para garantir não apenas a reputação, mas toda a efetividade do sistema de adidos.[165]

Com essa preocupação Walters preparou um oficial para substituí-lo no Brasil.

Em 1945, Walters foi a uma recepção na embaixada brasileira em Washington e lá ficou conhecendo um tenente americano filho de pais portugueses. Era o tenente Arthur Moura,[166] que havia se formado em Forte Benning, mesma escola em que Walters estudou. Moura era especialista em América Latina no Pentágono e, no governo Eisenhower, passou a integrar a Secretaria de Imprensa da Casa Branca, com a função de intérprete em português e espanhol.

Moura e Walters não chegaram a trabalhar juntos, mas sempre se encontravam e se correspondiam, dadas as ligações de ambos com a América Latina. Em setembro de 1964, Moura fez uma viagem ao Rio e Walters o convidou para irem a Brasília para uma visita ao presidente Castello Branco.

Em 1967, Moura era tenente-coronel e Walters estava se preparando para deixar o Brasil. Walters consultou Moura se este aceitaria substituí-lo na função. Como Moura aceitou prontamente o convite, Walters tratou de indicar o velho amigo e impôs uma condição aos superiores em Washington: o posto não deveria ser ocupado por um tenente coronel. Dessa forma, Moura seguiu para o Brasil e, de quebra, foi promovido a coronel.

Moura chegou ao Rio com sua família e Walters ofereceu-lhe o apartamento que alugava na Av. Vieira Souto, em Ipanema. Além do apartamento, Walters deixou, ainda, a empregada, Elsie, e os móveis para Moura, mas pediu-lhe o favor de cuidar de seu gato, Snowball, por um tempo. Walters vendeu o carro que possuía e doou todo o dinheiro a uma associação de pracinhas da Força Expedicionária Brasileira. Ainda mais importante que a ajuda material para que Moura se estabelecesse com a família no Brasil, Walters ajudou o amigo, apresentando-o aos seus contatos e dando dicas sobre como se relacionar com os demais membros americanos na embaixada. Walters frisou bem uma orientação: *"mantenha um perfil baixo, principalmente, perto do embaixador"*. A intenção de Walters era prevenir o amigo a não ganhar muita notoriedade e, dessa forma, ofuscar o seu superior.

Moura afirmou que, algum tempo depois, Walters enviou-lhe um cheque para que ele comprasse uma passagem de navio, de primeira classe, para

---

165 Entrevista de Walters, gravada na U.S. Defense Intelligence Agency, em 21 set. 1983, e reproduzida em WALTERS, 2004, p.14.

166 Entrevista ao autor, em 15 de dezembro de 2007.

O general Arthur Moura, que sucedeu Vernon Walters como adido de Defesa no Brasil, em sua casa na Carolina do Norte, em 15 de dezembro de 2007. Foto tirada pelo autor.

General Arthur Moura, who followed Vernon Walters as Defense Attaché in Brazil, at his home in North Carolina, December 15, 2007. Photo by the author.

Elsie retornar a Barbados, onde nascera, e para que Snowball fosse remetido a Paris. Quando Walters escreveu para comunicar que Snowball havia chegado bem, ele acrescentou a seguinte nota: "Arthur, a tua estrela está garantida." De Paris Walters havia trabalhado, mais uma vez, pela promoção do amigo.

No dia 9 de fevereiro de 2002, Walters ligou para Moura e falou da viagem que acabara de fazer ao Brasil e reclamou de um resfriado. No dia seguinte, Walters disse ao seu sobrinho, Peter Adams,[167] que não estava se sentindo nada bem e pediu para ser levado ao hospital. Enquanto era atendido pelo médico, Walters teve um ataque cardíaco fulminante e morreu.

Atualmente, o general Arthur Moura reside com sua família em Pittsboro, na Carolina do Norte, e está terminando de escrever um livro de memórias. O último capítulo do livro será intitulado *"Tributo ao meu herói, meu mentor, meu amigo..."*, no qual homenageará "Dick"[168] Walters:

> Eu mal percebi que aquele seria o nosso último contato, quando ele me telefonou de Palm Beach, no começo da tarde, de 9 de fevereiro de 2002.
>
> Dick tinha acabado de retornar de um de seus cruzeiros, nos quais proferia palestras, pela América do Sul e comentou longamente sobre a situação na Argentina e sobre a grande quantidade de amigos mútuos que possuímos no Brasil — um país que ambos amamos e que foi um elo vital de quase 57 anos de amizade. Naquela última conversa, com a idade de 85 anos, sua língua e sua mente estavam mais afiados que nunca. Ele estava bastante espirituoso, otimista e provocador.
>
> Seu funeral aconteceu no cemitério nacional de Arlington num ameno e claro 5 de março. Além dos 208 assentos ocupados na "Velha Capela" de Forte Myer, aproximadamente 90 pessoas estavam lá de pé, para homenagearem Dick. Fiz parte de um seleto grupo de amigos íntimos que seguraram a alça do caixão.
>
> A fé católica de Dick foi realçada pelo celebrante principal, o arcebispo Edwin O'Brien, auxilido por dois capelães do Exército, um dos quais era o major general Gunhus, o chefe dos capelães do Exército.

---

167 Entrevista ao autor, em 17 de dezembro de 2007.

168 Segundo Moura, o apelido de Walters era Dick, porque, quando menino em Nova York, Walters esperava todos os dias a passagem de uma embarcação batizada de "Moby Dick", que navegava pelo Rio Hudson. Quando o barco passava, ele gritava para sua mãe: "Mãe, o Dick, olha o Dick". Dessa forma sua família passou a chamá-lo de Dick e, mais tarde, seus amigos íntimos só o tratavam pelo apelido.

Sherry Walters e Peter Adams, cunhada e sobrino de Walters, na Flórida, 17 de dezembro de 2007, com a bandeira americana que cobriu a urna de Walters. Foto tirada pelo autor.

Sherry Walters and Peter Adams, sister-in-law and nephew of Walters, in Florida, December 17, 2007, with the U.S. flag that covered his casket. Photo by the author.

Os ex-secretários de Estado Henry Kissinger e Alexander Haig estavam presentes, assim como o embaixador americano nas Nações Unidas, John D. Negroponte. Outras presenças ilustres eram os embaixadores Lincoln Gordon, Frank Ortiz, Daniel O'Donahue, Patrícia Byrne, Christopher Roos e Stephen Low. Quatro oficiais do Exército brasileiro, incluindo um general, trajavam seu uniforme para dizer adeus a um homem que ofereceu inestimáveis serviços ao país deles. No dia anterior, o amor de

Dick pelo Brasil foi evidenciado, ainda na morte, com a colocação sobre a urna de uma boina usada pelos veteranos da Força Expedicionária Brasileira na Segunda Guerra e de um bastão de comando que pertencera a um general brasileiro.[169]

Na edição de março de 1989 da *VFW Magazine*, James K. Anderson escreveu: "Se uma história definitiva da última metade do século XX for escrita algum dia, o papel desempenhado pelo general reformado do Exército Vernon A. Walters ao modelar eventos terá inevitavelmente um grande peso".[170]

"Uma profunda influência em minha vida"

Walters declarou que o Brasil e os brasileiros exerceram "profunda influência" em sua vida.[171] Analisando-se sua trajetória profissional, que às vezes modificara o curso da história, como compreender essa influência que o Brasil e os brasileiros representaram para Vernon Walters, à parte a afeição que ele visivelmente mantinha pelo País, por seu povo, sua língua e sua cultura?

Sendo que Walters trabalhou no Brasil em várias oportunidades, cumprindo diferentes missões, caberia verificar qual delas teria contribuído com mais peso a essa influência em sua vida. Dois desses períodos tiveram especial destaque: o trabalho junto à FEB e o período em que atuou como adido militar, entre 1962 e 1967.

Na Itália, durante a guerra, Walters estabeleceu amizades com os oficiais da FEB que iriam desempenhar papéis de grande relevância no cenário brasileiro. Mais que estabelecer esses vínculos, Walters teve grande habilidade em cultivar as amizades e ampliá-las ao longo dos anos. Essas amizades foram decisivas para que Walters se tornasse lendário no Brasil, na medida em que soube combinar valiosas ligações com os militares, habilidades diplomáticas e uma notável capacidade de assessorar líderes políticos de primeiro escalão.

No entanto, a partir do Brasil, na década de 1960, Walters conseguiu mudar a trajetória de sua história profissional. No Brasil, em 1965, ele foi promovido a general-de-brigada e depois de servir, por um curto período no Vietnã, ele foi transferido para a embaixada em Paris como adido de defesa. Depois foi o vice-diretor da CIA, serviu como embaixador itinerante pelo presidente, e como embaixador à ONU e à Alemanha. Como embaixador itinerante, ele viajou por todo o mundo, totalmente dedicado à exploração baseada na per-

---

169 MOURA, 2007.
170 ANDERSON, 1989, p. 21.
171 WALTERS, 1978, p. 68.

spectiva de contatos pessoais duradouros. Essa exploração agora se estendia além do Brasil e alcançava as mais distantes regiões do planeta — muito além das expedições exploratórias dos anos 60, em que se aventurava pelas vastas regiões do interior brasileiro, na companhia de colegas de trabalho, expandindo sua rede de amizades, visitando oficialmente lideranças nacionais ou, simplesmente, reconhecendo o terreno.[172]

O período em que Walters atuou como adido no Brasil é o que realmente exerceu essa profunda influência em sua vida. Essa passagem pelo Brasil representa uma transformação na sua trajetória profissional, inaugurando uma fase em que ele deixa de ser um intérprete de outros, um talentoso coadjuvante, testemunha privilegiada dos fatos, e que passa a ser um ator principal, influenciando e modelando eventos. É possível comprovar essa transformação a partir da notável interação que ele desenvolveu com o embaixador Lincoln Gordon, por ocasião dos episódios decisivos de março e abril de 1964, conforme revelam as trocas de mensagens entre o Rio de Janeiro e Washington.

Se a carreira de Walters tivesse se encerrado no Brasil, em 1967, ele seria lembrado na história como um intérprete talentoso, um notável secretário e auxiliar de personalidades que moldaram a história até então. Por exemplo, o ex-secretário de Estado Dean Acheson refere-se a Walters apenas como *"o intérprete"* no quarto com Acheson, Averell Harriman e Mohammed Mossadegh, durante negociações em Teerã, em 1951.[173] É dessa forma que Walters ficou conhecido na primeira fase de sua carreira, como se nota nas declarações do presidente Eisenhower: *"Walters foi um dos intérpretes mais brilhantes que conheci... completamente confortável em seis ou sete línguas, e quando ele estava usando uma delas ele parecia inconscientemente adotar os maneirismos das pessoas daquele país em particular".*[174]

No entanto, com sua segunda missão no Brasil servindo de plataforma de lançamento, Walters tornou-se uma refinada *"éminence grise"*, e um destacado expoente de *soft power*, especialmente nos governos de Richard Nixon e Ronald Reagan, embora uma melhor compreensão de sua atividade naquele período ainda dependa de análise aprofundada de seus escritos publicados e a publicar. Esse contexto fez com que notáveis líderes mundiais comentassem seus talentos incomuns. Nixon classificou Walters como um dos *"intérpretes*

---

172 Walters narra muitas dessas expedições pelo interior do Brasil em um manuscrito não publicado intitulado *The Far Corners*. As missões que realizou como embaixador itinerante a serviço do presidente norte-americano (1981-1987) estão registradas em outra obra não publicada, cujo título é *Across the World*. Os dois documentos fazem parte da coleção de Walters no NDIC.

173 ACHESON, 1987, p. 59.

174 EISENHOWER, 1963, p. 514.

mais habilidosos do mundo" e, em suas memórias, o classificou como sendo um "estrategista de primeira".[175] Suas interações com o presidente Reagan permanecem nas entrelinhas de um manuscrito não publicado, *Across the World*, mas, como sempre, Walters permanece reticente a respeito de suas ligações com autoridades estadunidenses e estrangeiras.

Sua capacidade de se antecipar aos fatos impressionava os amigos. Como embaixador na Alemanha, Walters previra a queda do muro de Berlim e a reunificação do país com pelo menos um ano de antecedência.[176] Os efeitos dessa estimativa pública passaram desapercebidos de muitas pessoas, exceto dos próprios alemães.[177] Também esse episódio simboliza sua transformação de um observador a um modelador de eventos.

Comparando Walters novamente com Henry kissinger: enquanto o último se identificava e se conduzia como um "outsider" em sua juventude e ao longo de sua carreira, o primeiro desenvolveu a habilidade de se tornar um "insider", principalmente junto aos brasileiros. Se devêssemos aprofundar a análise do papel desempenhado por esses dois indivíduos como protagonistas da luta do "império americano" para sobreviver na Guerra Fria, Walters se destaca como o mais bem sucedido "intérprete" de líderes políticos no entorno daquele império.[178] De acordo com Kelley, em sua análise da inteligência estratégica aplicada em vários impérios históricos, um dos problemas mais cruciais para os "missionários" ou elementos operacionais é o desafio de enfrentar testes severos de "identidade física e psicológica" no ambiente de atuação. De tudo que se apurou,[179] Walters cumpriu suas mais difíceis missões com inabalável senso de humor.

Poucos perceberam a mudança de paradigma na carreira de Walters como fez o ex-secretário de Estado Alexander Haig. Ao se despedir do amigo, junto a seu túmulo no cemitério de Arlington, Haig se referiu às duas fases principais da trajetória profissional de Walters: *"Tanto um observador quanto um modelador da História".*[180] O Brasil, especialmente durante a primeira metade dos anos 60, exerceu profunda influência na vida do general Vernon Walters por ter sido a "base de lançamento" para a dramática mudança de paradigma em sua carreira.

---

175 NIXON, 1990, p. 151

176 HAIG JR., 2004, p. 81

177 BURTON, 2003, p. 61.

178 Ver Suri, op. cit., a respeito de Kissinger; e *Poderosos e humildes*, de Walters, para detalhes de suas interações com líderes mundiais e com cidadãos comuns de vários países.

179 KELLEY, 2008, p. 131.

180 BURTON, 2003, p. 61.

Um adido extraordinário

O objetivo da presente pesquisa foi identificar a significação da influência que o Brasil exerceu na vida de Vernon Walters. Ao considerar-se o fato de que sua trajetória profissional pode ser visualizada em duas fases principais — a de incomparável intérprete de grandes personalidades de seu tempo, por um lado, e a de modelador ele próprio de fatos históricos, por outro —, o Brasil destaca-se por ter sido o palco proeminente de cada uma dessas fases. As relações de Vernon Walters com o Brasil têm o seu apogeu em meados dos anos de 1960, em um período importante da recente história brasileira. Esse foi o tempo e o lugar em que Walters aprendeu suas multifacetadas habilidades e se submeteu às mudanças que o transformaram em uma expressiva figura mundial.

Não foi objetivo o aprofundamento da discussão em torno do grau de influência dos Estados Unidos no movimento militar de 64, mas, qualquer que tenha sido essa influência, o papel desempenhado por Walters não foi o de mero observador privilegiado dos fatos. Suas habilidades, seu carisma, sua rede de contatos e a desenvoltura com que atuava tanto no campo militar quanto no meio diplomático transformaram-no em uma figura transcendente no Brasil.

Como a história de Vernon Walters demonstra, alguns indivíduos podem ser bem sucedidos sem um diploma acadêmico. No entanto, eles precisam possuir talento e desenvolver habilidades especiais. Além disso, como Walters fazia, esses indivíduos precisam demonstrar grande respeito pela educação formal e não se descuidar da sua própria formação profissional.

Embora não tenha ficado suficientemente claro se Walters extrapolou ou não as atribuições de um adido militar — e torna-se cada vez mais difícil identificar o verdadeiro papel que ele desempenhou em 1964 —, seu nome permanecerá ligado definitivamente ao Brasil tanto pelos fatos quanto pelas versões. A depender do ponto de vista de adversários ou de amigos, Vernon Walters será lembrado como o "anjo protetor do golpe de Estado"[181] ou o "amigo devotado do Brasil".[182]

---

181 PINHEIRO, 1986.
182 JORNAL O GLOBO, 1966.

Bibliography/Bibliografía

- ACHESON, Dean. **Present at the Creation**. New York: W.W. Norton, 1987.

- ALLEN, Richard V. **Master Strategist: Vernon A. Walters, R.I.P.** National Review Online, Guest Comment. Feb 18, 2002. Available at: *http://www. nationalreview.com/comment/comment-allen021802.shtml.*

- ANDERSON, James K. **U.S. Prestige Rising: A Lifetime of Service: Soldier, Diplomat, Patriot; General Walters Is All of These.** *VFW Magazine*, March 1989, p. 21-23.

- APPELBAUM, Henry R. **Renaissance Man**. *Studies in Intelligence*, 46 (2002). Available at: *https://www.cia.gov/library/center-for-the-study-of-intelligence/csi-publications/csi-studies/studies/vol46no1/article01.html.*

- BANDEIRA, Moniz. **Presença dos Estados Unidos no Brasil: dois séculos de história.** 2. ed. Rio de Janeiro: Civilização Brasileira, 1978. 497 p.

- BLACK, Jan Knippers, **Lincoln Gordon and Brazil's Military Counterrevolution**, in C. Neal Ronning and Albert P. Vannucci, eds., *Ambassadors in Foreign Policy: the Influence of Individuals on U.S.-Latin American Policy.* New York: Praeger. 1987. p. 95-113.

- BLINDER, Caio. **FH é hoje um reformista razoável.** Interview granted by Vernon Walters to the *O Globo* Newspaper. Rio de Janeiro, Jan 29, 1995.

- BRINTNALL, Clarke M. **Panel on LTG Walters' Military Intelligence Years.** In: *Vernon A. Walters: Pathfinder of the Intelligence Profession.* Washington D.C.: Joint Military Intelligence College (JMIC), 2004, p. 15-18.

- BURTON, Fletcher M. **Appreciation: From Boswell to Johnson — Vernon A. Walters 1917-2002.** *Foreign Service Journal,* 80 (June 2003), p. 58-61.

- CAMPOS, Roberto de Oliveira. **A lanterna na popa: memórias.** Rio de Janeiro: Topbooks, 1994. 1417 p.

- CHRISTIAN SCIENCE MONITOR. **More 'Troops' for U.S. Diplomacy.** Feb. 8, 2008. Available at: http://www.csmonitor.com/2008/0208/p08s01-comv.html.

- CONTREIRAS, Hélio. **Pinochet é injustiçado.** Isto É On line Magazine, no. 1644. São Paulo, Dec 20, 2000. Available at: *http://www.terra.com.br/istoe/1644/1644vermelhas.htm.*

Bibliography/Bibliografía (continued)

- CZEGE, Huba Wass de. **On Winning Hearts and Minds.** *Army Magazine* (August 2006). Available at: *http://findarticles.com/p/articles/mi_qa3723/ is_200608/ai_n17171887/pg_1?tag=artBody;col1.*

- DEROSA, Michael L. **Presidential Envoy 101: Vernon Walters as Attaché-at-Large for Averell Harriman.** Unpublished Master's Thesis, Washington: JMIC, 2005. 135 p.

- EISENHOWER, Dwight D. **Letter to Colonel Vernon Walters.** Jan 4, 1961. Part of the Walters Collection at NDIC.

- EISENHOWER, Dwight D. **Letter to General Vernon Walters.** Feb 22, 1968. Part of the Walters Collection at NDIC.

- EISENHOWER, Dwight D., **Mandate for Change: The White House Years, 1953-1956.** Garden City, New York: Doubleday and Company, 1963. 650 p.

- ESPADA, Arcadi. **A Rusia la vencimos con dinero.** Newspaper *Pagina12*, Buenos Aires, 2000. Available at *http://www.pagina12web.com. ar/2000/00-09/00-09-17/pag25.htm.*

- Folha de S. Paulo, Jornal. **Morre nos EUA general que conspirou contra Jango.** São Paulo, Feb 15, 2002.

- FUNDAÇÃO GETÚLIO VARGAS. **Dicionário histórico — biográfico brasileiro pós –[19]30.** Coordenação geral Alzira Alves de Abreu e Israel Beloch; Coordenação dos verbetes biográficos Sérgio Tadeu de Niemeyer Lamarão; Coordenação dos verbetes temáticos Fernando Lattman-Weltman. 2.ed. rev. e atual. Rio de Janeiro: Ed. Fundação Getulio Vargas, 2001. 5v. il.

- GARDNER, Howard. Frames of Mind: **The Theory of Multiple Intelligences.** New York: Basic Books Inc., 1985. 440 p.

- GARDNER, Howard. **Multiple Intelligences: The Theory in Practice.** New York: Basic Books, 1993. 304 p.

- GASPARI, Elio. **A amnésia do general.** *Veja*, Mar 12, 1980.

- GASPARI, Elio. **A ditadura envergonhada.** São Paulo: Companhia das Letras, 2002. 417 p.

- GLADWELL, Malcolm. **O ponto de desequilíbrio.** Rio de Janeiro: Rocco, 2002.

Bibliography/Bibliografía (continued)

- GLADWELL, Malcolm. **The Tipping Point. Boston:** Back Bay Books, 2002. 304p.

- GODSON, Roy. **Covert Action: An Introduction.** Intelligence Requirements for the 1980s: Washington: National Strategy Information Center, 1981, p. 1-11.

- GOVERNMENT PRINTING OFFICE, U.S. **Budget of the United States, Fiscal Year 2009. Orçamento do governo dos EUA: ano fiscal de 2009.** *Available at/ Disponível em: http://www.gpoaccess.gov/usbudget/fy09/browse.html.*

- GUEDES, Carlos Luís. **Tinha que ser Minas.** Rio de Janeiro: Nova Fronteira, 1979. 330 p.

- HAIG, Alexander, Jr. **Eulogy for Lieutenant General Vernon A. Walters, Arlington Cemetery, March 5, 2002.** In: *Vernon A. Walters: Pathfinder of the Intelligence Profession.* Washington: JMIC, 2004, p. 79-81.

- ISAACSON, Walter. **Kissinger: A Biography.** New York: Simon and Schuster, 2005. 896 p.

- JOINT MILITARY INTELLIGENCE COLLEGE. **The Walters Room.** Descriptive Pamphlet. Washington: JMIC, 2002. 19 p.

- JOINT MILITARY INTELLIGENCE COLLEGE. **Vernon A. Walters: Pathfinder of the Intelligence Profession.** Conference Proceedings, June 3, 2004. Washington: 2004. 82 p. Available at: *http://www.ndic.edu/press/5482. htm.* 231 p.

- KELLEY, Patrick A. **Imperial Secrets: Remapping the Mind of Empire.** Washington: NDIC Press, 2008.

- KOSMITZKI, C., & John, O.P. **The Implicit Uses of Explicit Conceptions of Social Intelligence.** *Personality & Individual Differences* 15 (1993), p. 11-23.

- LEDEEN, Michael **Vernon Walters, R.I.P.: Two-Star (sic) General, All-Star Man.** National Review On-line, Jan 15, 2002. Available at: *http://www. nationalreview.com/contributors/ledeen021502.shtml.*

- MEDLICOTT, Carol. **Interpreting National Security and Intelligence in Geographic Exploration: Explorers and Geographers in America's**

Bibliography/Bibliografía (continued)

Early Republic. *Intelligence and National Security* 22, no. 3 (June 2007), p. 321-345.

- MORAES, João Baptista Mascarenhas de. **Memórias.** 2nd ed. Rio de Janeiro: Biblioteca do Exército, 1984.

- MONTGOMERY, Hugh. **Opening address.** In: *Vernon A. Walters: Pathfinder of the Intelligence Profession.* Washington: JMIC, 2004, p. 9-13.

- MOURA, Arthur. **Tributo ao meu herói, meu mentor, meu amigo...** In: unpublished manuscript of his memoirs. Made available to the author, 2007.

- MOSS, F.A., & Hunt, T. **Are You Socially Intelligent?** *Scientific American,* 137 (1927), p. 108-110.

- MURPHY, Robert. **Diplomat among Warriors.** 1 ed. New York: Doubleday & Company Inc., 1964. 470 p.

- NETO, Geneton Moraes. **O nome: Vernon Walters. Mas podem chamá-lo de capeta, diacho, mequetrefe.** Mar 28, 2002. Available at: *http://www.geneton.com.br/archives/000045.html.*

- NIXON, Richard. **In the Arena: A Memoir of Victory, Defeat, and Renewal.** New York: Simon and Schuster, 1990. 384 p.

- O ESTADO DE SAO PAULO, Jornal. **'Bomba' obriga Walters a suspender entrevista.** São Paulo, May 9, 1986.

- O GLOBO, Jornal. **General Walters espera solução brasileira com regime sem medo.** Rio de Janeiro, Mar 24, 1978.

- O GLOBO, Jornal. **Vernon Walters, amigo devotado do Brasil.** Rio de Janeiro, Feb 15, 1966.

- OLIVEIRA, Frank Marcio. **Vernon Walters: Gosto pelo subterrâneo.** *Revista Brasileira de Inteligencia,* 1 (2005), p. 45-51.

- PARKER, Phyllis R. **Brazil and the Quiet Intervention.** Austin: Univerity of Texas Press, 1979. 161p.

- PERSICO, Joseph E. **Roosevelt's Secret War: FDR and World War II Espionage.** Garden City, New York: Random House, 2001. 592 p.

- PICKERT, Perry. **Closing remarks.** In: *Vernon A. Walters: Pathfinder of the Intelligence Profession.* Washington: JMIC, 2004. p. 75-78.

Bibliography/Bibliografía (continued)

• PINHEIRO, Paulo Sérgio. **Alerta — Walters atraca.** In *Folha de São Paulo.* May 6, 1986.

• RYAN, Dennis — [Neil] **Armstrong Joins Friend's Funeral March.** *Pentagram.* Mar 8, 2002. Available at: *http://www.dcmilitary.com/dcmilitary_archives/stories/030802/14728-1.shtml.*

• SATTERTHWAITE, F.G., **Visit to Mazagon Dockyard, Bombay,** in *Bringing Intelligence About: Practitioners Reflect on Best Practices.* Washington: JMIC, 2003, p. 29-40. Available at *http://www.ndic.edu/press/5138.htm.*

• SHEA, Timothy C. **Transforming Military Diplomacy.** *Joint Force Quarterly,* 38 (July 2005), p. 49-52.

• SHELLUM, Brian G. **Panel on LTG Walters' Military Intelligence Years.** In: *Vernon A. Walters: Pathfinder of the Intelligence Profession.* Washington: JMIC, 2004, p. 26-29.

• STATE DEPARTMENT, U.S. **Foreign Relations, 1964-1968, volume XXXI, South and Central America; Mexico.** 2004. Available at: *http://www.state.gov/r/pa/ho/frus/johnsonlb/xxxi/.*

• STERNBERG, R.J. Conway, B.E., Ketron, J.L., & Bernstein, M. **People's Conceptions of Intelligence.** *Journal of Personality & Social Psychology,* 41 (1981), p. 37-55.

• SURI, Jeremi. **Henry Kissinger and the American Century.** Cambridge, Massachusetts: Belknap Press of Harvard University Press, 2007.

• THORNDIKE, E.L. **Intelligence and Its Uses.** Harper's Magazine, 140 (1920), p. 227-235. Available at: *http://www.harpers.org/archive/1920/01/0004228.*

• TIME MAGAZINE. **Five-star Diplomat.** August 25, 1958. Available at: *http://www.time.com/time/magazine/article/0,9171,868704,00.html.*

• VAUGHN, Hal, **FDR's 12 Apostles: The Spies Who Paved the Way for the Invasion of North Africa.** Guilford, Connecticut: The Lyons Press, 2006. 336 p.

• VEJA, Revista. **A rápida visita de 00-Walters.** São Paulo, Dec 27, 1972.

• VEJA, Revista. **Um perfeito mudo.** São Paulo, May 14, 1986.

Bibliography/Bibliografía (continued)

• VERNON, P.E. **Some Characteristics of the Good Judge of Personality.** *Journal of Social Psychology* 4 (1933), p. 42-58.

• WALTERS, Vernon A. **Across the World.** Book manuscript, 19—(a), unpublished, part of the Walters Collection of the NDIC. 302 p.

• WALTERS, Vernon A. **General Walters on the Defense Attaché System.** In: *Vernon Walters: Pathfinder of the Intelligence Profession.* Conference Proceedings, 3 June 2004, Washington: JMIC, 2004, p. 14.

• WALTERS, Vernon A. **Missões silenciosas.** 1ª ed. Rio de Janeiro: Record. 1980. Tradução de Heitor A. Herrera. 574 p.

• WALTERS, Vernon A. **Poderosos e humildes.** 1ª ed. Rio de Janeiro: Biblioteca do Exército Ed. 2000. Tradução de Luiz Paulo Macedo Carvalho. 380 p.

• WALTERS, Vernon A. **Silent missions.** 1st ed. New York: Doubleday & Company Inc. 1978. 654 p.

• WALTERS, Vernon A. **The Far Corners.** 19—(b), unpublished manuscript, part of the Walters Collection, NDIC. 123 p.

• WALTERS, Vernon A. **The Mighty and the Meek: Dispatches from the Front Line of Diplomacy.** London: St. Ermins Press. 2001. 344 p.

• WALTERS, Vernon A. **The Uses of Political and Propaganda Covert Action in the 1980s.** In: Godson, Roy, ed. *Intelligence Requirements for the 1980s: Covert Action.* Washington: National Strategy Information Center, 1981. p. 113-132.

• WITTER, Maureen O'Connor. **Sanctioned Spying: The Development of the Military Attaché in the Nineteenth Century.** In: Peter Jackson, and Jennifer Siegel, eds. *Intelligence and Statecraft: The Use and Limits of Intelligence in International Society.* Westport, Connecticut: Praeger, 2005. p. 87-107.

Biografia Sintética

Frank Márcio de Oliveira é bacharel em Segurança Pública pela Academia da Polícia Militar de Minas Gerais. De 1990 a 1999, atuou em operações especiais e, como piloto de helicópteros, comandou missões policiais e de resgate aeromédico. Foi, ainda, observador policial da Organização das Nações Unidas em Angola e possui cursos em Israel e nos Estados Unidos da América.

Oliveira, desde 2000, atua como profesor convidado da Escola de Inteligência. Seus interesses profissionais e acadêmicos abrangem as áreas de Inteligência, segurança e defesa e história das relações internacionais. Desde 2006, ele é pesquisador associado do National Defense Intelligence College.

Suas condecorações incluem a medalha Mérito da Paz da ONU, a medalha de Mérito Intelectual da Academia da Polícia Militar e a medalha da Associação dos ex-Combatentes da Força Expedicionária Brasileira de Belo Horizonte. É casado e pai de dois filhos.

About the Author

Frank Márcio de Oliveira holds a bachelor's degree in Public Security from the Military Police Academy of Minas Gerais. From 1990 to 1999, he carried out duties in special operations and, as a helicopter pilot, commanded police missions and medical rescue/evacuation operations. He also served as a United Nations Police Observer in Angola and attended related professional courses in Israel and in the USA.

Since 2000, he has offered courses as an invited professor at the Brazilian National Intelligence School. His professional and academic interests focus on the areas of Intelligence, security and defense and the history of international relations. Since 2006, he has been a non-resident research fellow at the National Defense Intelligence College.

His awards include the Peace Operations Medal from the United Nations Organization, an Academic Achievement Medal from the Military Police Academy and a Special Recognition Medal from the Association of Former Combatants of the Brazilian Expeditionary Force in Belo Horizonte. He is married and the father of two children.